Mosaik bei
GOLDMANN

Buch

Irgendwann steht jeder vor den Fragen: Wie finde ich den richtigen Beruf, der zur Berufung wird? Wie finde ich den Partner, mit dem ich zusammen glücklich sein kann? Wie gehe ich mit meinem Körper um, um gesund und vital zu sein? In diesem Buch präsentiert Kurt Tepperwein erstmals seinen umfassenden Ansatz zur positiven Lebensgestaltung: die Tepperwein-Methode. Diese Methode verbindet tiefe Erkenntnis und praktische Anregung für die zentralen Lebensthemen wie Gesundheit, Partnerschaft, Erfolg und Selbstverwirklichung. Dieses Konzept mit vielen Übungen hilft Ihnen, in nur 21 Tagen herauszufinden, was im Leben wirklich wichtig ist und wie Sie Ihr Lebensziel erreichen. Seine Übungen sind darauf abgestimmt, sich selbst besser kennenzulernen und herauszufinden, was im Leben wirklich zählt und wie man das erreicht. Kurt Tepperweins Übungen sind also das Handwerkszeug, um die persönliche Entwicklung enorm zu beschleunigen und das Leben als Meisterwerk zu gestalten.

Autor

Kurt Tepperwein, geboren 1932, früher erfolgreicher Unternehmer, heute einer der bekanntesten Lebenslehrer Europas. Dozent an verschiedenen internationalen Institutionen, Gründer und Schirmherr der Internationalen Stiftung Lebensschule, Autor von mehr als 50 Büchern, zahlreichen Videos, Audiotapes und CDs. Wenn er sich nicht auf Vortragsreise befindet, lebt der Autor auf Teneriffa.

Von Kurt Tepperwein außerdem bei Mosaik bei Goldmann
Das Geldgeheimnis (16380)
Erfinde dich neu (16582)
Nie mehr ärgern, bewusster leben (16970)
Die Kunst mühelosen Lernens (10459)

Kurt Tepperwein

Ihr Leben als Meisterwerk

Die Tepperwein-Methode
für Glück und Erfolg

Mosaik bei
GOLDMANN

Alle Ratschläge und Hinweise in diesem Buch wurden vom Autor und vom Verlag sorgfältig erwogen und geprüft. Eine Garantie kann dennoch nicht übernommen werden. Eine Haftung des Autors beziehungsweise des Verlags für Personen-, Sach- und Vermögensschäden ist daher ausgeschlossen.

FSC
Mix
Produktgruppe aus vorbildlich
bewirtschafteten Wäldern und
anderen kontrollierten Herkünften

Zert.-Nr. SGS-COC-1940
www.fsc.org
© 1996 Forest Stewardship Council

Verlagsgruppe Random House FSC-DEU-0100
Das für dieses Buch verwendete FSC-zertifizierte Papier *Munken Print*
liefert Arctic Paper Munkedals AB, Schweden.

1. Auflage
Vollständige Taschenbuchausgabe November 2008
Wilhelm Goldmann Verlag, München,
in der Verlagsgruppe Random House GmbH

Umschlaggestaltung: Design Team München
Umschlagfoto: Getty Images/Hill
Satz: Buch-Werkstatt GmbH, Bad Aibling
Druck und Bindung: GGP Media GmbH, Pößneck
LH · Herstellung: IH
Printed in Germany
ISBN 978-3-442-16934-4

www.mosaik-goldmann.de

Inhaltsverzeichnis

Vorwort

Was Sie jetzt vor sich liegen haben, möchte ich nicht »Buch«, sondern treffender »Entwicklungs-Beschleuniger« nennen. Warum? Weil es zu einer enormen Beschleunigung Ihrer persönlichen Entwicklung im Leben beitragen wird, wenn ... ja, wenn Sie mit mir auf eine Entdeckungs- und Wandlungsreise durch Ihr Leben gehen.

Dieser Entwicklungs-Beschleuniger bringt all meine Erfahrungen der letzten 40 Jahre als Unternehmer, Heilpraktiker, Unternehmensberater, Autor und Seminarleiter im wahrsten Sinne auf den Punkt. Wenn Sie den Inhalt wirklich für sich in Besitz nehmen, bringen Sie Ihr Leben auch auf den Punkt. Und machen es letztlich zu einem Meisterwerk.

Oft werde ich von Menschen gefragt, warum sich in ihrem Leben trotz der Seminare, die sie besucht und der Bücher, die sie gelesen haben, nicht alles wunschgemäß verändert hat. Dazu sage ich immer das Gleiche: Im Grunde lernen wir nur durch unmittelbare Erfahrung! Durch die Lektionen des Lebens gewinnen wir tieferes Wissen als durch die Wort-Lektionen der Seminare oder Bücher.

Direkte Erfahrung ist und bleibt der beste Lehrer. Aber ein Buch kann uns Aufschluss über den Weg geben, so dass wir mehr aus unseren Erfahrungen lernen können. Ein Buch kann uns den Weg zeigen, aber die Reise müssen wir selbst unternehmen.

Die Frage lautet also nicht: Buch oder unmittelbare Erfahrung. Klug ist vielmehr der mittlere Weg, der beide einschließt. Deswegen habe ich dieses Buch als ein praktisches Erkenntnisbuch konzipiert, das die direkten Lebenserfahrungen integriert. Und zwar so, dass Sie die Übungen wirklich in Ihren Alltag einfügen können. Die Lektionen sind so elementar und die Übungen so einfach, dass Sie sie fast nebenbei anwenden können.

Sie werden den Unterschied spüren, wenn das Leben das hervorbringen wird, was Sie sich wünschen, was Ihrer individuellen Bestimmung, Ihrer Vision entspricht. Diese Vision zu erkennen und zu erfüllen, darin liegt der Sinn unseres Lebens. Darin liegen das Glück und die Zufriedenheit, nach denen wir suchen. Wissen allein genügt nicht, nur angewendetes Wissen ist wertvoll.

Und dieses Buch fungiert als ein Entwicklungs-Beschleuniger auf diesem Weg. Sie werden beim Lesen, Schreiben und Umsetzen spüren, wie Ihr Leben leichter wird. Denn Sie verändern sich allmählich und nehmen für Ihr gesamtes Leben förderliche Gewohnheiten an. Und damit – das werden Sie feststellen – verändert sich Ihre Welt grundlegend.

Ich wünsche Ihnen, dass Sie Ihr Leben zu einem Meisterwerk werden lassen, dass Sie wieder in Kontakt kommen mit Ihrer Seele und die Puzzleteile Ihres Lebens zu einem wunderbaren Gesamtbild zusammenfügen.

Sie werden dann immer mehr Ihr eigenes Leben leben und Ihr Glück und Ihren Erfolg in die eigenen Hände nehmen. Machen Sie wirklich das Beste aus Ihren Möglichkeiten und

Chancen. Geben Sie Ihrem Leben neuen Schwung und mehr Leichtigkeit. Werden Sie zum Meister Ihres Lebens. Das wünsche ich Ihnen von ganzem Herzen!

Ihr *Kurt Tepperwein*

Verändern Sie Ihr Leben zum Besten – in 21 Tagen

Dieses Buch hat das Potenzial, Ihr Leben grundlegend zu verändern. Sie können es zu einem Meisterwerk machen. Sie müssen dabei nicht zu einem Einstein oder Michelangelo werden, vielmehr können Sie ganz persönlich Sie selbst sein, ohne sich mit irgendjemandem zu vergleichen. Sie können ein erfülltes Leben führen, so, wie es genau für Sie stimmig ist. Und das können nur Sie selbst in Ihrem Alltag erfahren, denn Erfahrung ist die wahre Schule des Lebens. Und bei dieser Ihrer ganz individuellen Erfahrungsreise, möchte ich Sie begleiten – wenn Sie bereit sind.

Dieses Buch führt Sie auf einer 21 Tage währenden Entdeckungs- und Wandlungsreise durch Ihr Sein. Sie glauben nicht, dass Sie in 21 Tagen Ihr Leben verändern können? Dann geht es Ihnen wie vielen Menschen in meinen Seminaren, die sich dem Leben anvertraut haben, die den Weg des holistischen Lernens gegangen sind. Immer wieder waren sie erstaunt, wenn sich Probleme in kurzer Zeit aufgelöst hatten und Ängste verschwunden waren, wenn sie ihre persönliche Lebensvision gefunden hatten, wenn Herzenswünsche sich erfüllten.

Wenn Sie von der Vergangenheit des alten bisherigen Lernens auf die Zukunft schließen, dann haben Sie allerdings Recht: Mit Analysieren, Auswendiglernen, Sortieren, Durcharbeiten werden Sie nur sehr unbefriedigende Ergebnisse erzielen. Unterschätzen Sie aber nicht die Kraft, die im ganzheitlichen Konzept der Tepperwein-Methode liegt, sie basiert auf ganz anderen Grundannahmen, die dieses Buch Ihnen nahebringen wird. Die Tepperwein-Methode wurde für Ausbildungen und Seminare entwickelt und über viele Jahre perfektioniert.

Können Sie sich an eine Phase Ihres Lebens erinnern, wo innerhalb von »Punktzeit« eine Lösung gekommen oder eine Veränderung eingetreten war? Vielleicht haben Sie damals eine besondere Person getroffen oder eine Idee blitzte in Ihrem Geist auf – und Sie wussten, dass Ihr Leben in Zukunft nicht mehr dasselbe sein würde.

Und hier ist der Grund, warum eine Veränderung so schnell eintreten kann: Einschneidende Veränderungen geschehen nur in der Wahrnehmung des Bewusstseins und nicht in der Außenwelt. Wir können unsere Wahrnehmung von einem Augenblick auf den anderen verändern. Das geschieht nicht über den Verstand, sondern über das Bewusstsein.

Ich zeige Ihnen Wege, wie Sie Ihre Wahrnehmung verändern können, und zwar Schritt für Schritt. Sie werden erkennen, dass das Leben ein Spiel ist, das Ihrer Freude dient, und die Anregungen, die ich Ihnen gebe, sind genauso leicht, spielerisch und freudvoll. Denn was Mühe macht, wird nicht gemacht!

Unterschätzen Sie auch kleine Veränderungen nicht, die täglich stattfinden. Stellen Sie sich zwei Straßen vor, die weit in die Ferne reichen. Auf der einen fahren Sie und auf der anderen eine andere Person. Beide Straßen scheinen am Anfang parallel zueinander zu verlaufen und doch gehen sie leicht auseinander. Auf den ersten Kilometern sehen Sie noch keinen großen Abstand, doch nach zehn und mehr Kilometern landen Sie und der andere an ganz verschiedenen Orten.

Es empfiehlt sich, das Buch zunächst komplett durchzulesen oder zumindest so weit nach Lust und Laune darin zu schmökern, dass Sie ungefähr wissen, was Sie hier erwartet. Vieles in Ihrem Bewusstsein wird sich dabei wahrscheinlich schon verändern. Danach können Sie einen geeigneten Startpunkt auswählen – am besten natürlich gleich den Tag, an dem Sie das Buch bzw. seine für Sie wichtigsten Kapitel zu Ende gelesen haben – und mit dem 21-Tage-Programm beginnen. Denn eins ist erwiesen: Alles was man 21 Tage lang kontinuierlich tut, wird das Leben nachhaltig beeinflussen.

Sie sollten sich ein ansprechendes Notizheft oder Tagebuch bereitlegen, in das Sie alles, was Ihnen während dieser Zeit wichtig erscheint, aufschreiben. Auch für einige der im Buch vorgestellten Übungen werden Sie dieses Heftchen benötigen. Wenn Sie Ihre Erkenntnisse aufschreiben, folgen Sie einem wichtigen Ritual für Ihr Bewusstsein: Jede Erkenntnis nehmen Sie so im wahrsten Sinn des Wortes schreibend »in Besitz«. Mit diesen multi-sensorischen Techniken (Lesen, Begreifen, Aufschreiben, Handeln) beginnen Sie, die wichtigen neuen Lebenserkenntnisse als Gewohnheit in Ihr Leben zu integrieren.

Die Methoden dieses Buches berücksichtigen den neuesten Forschungsstand des holistischen Lernens. Sie bieten Ihnen Hilfen, wirklich »zu Bewusstsein zu kommen«, und zwar nicht über den Verstand, sondern über die Wahrnehmung Ihrer inneren Wirklichkeit. Dort erkennen Sie: Ich bin es!

Jeden Tag werden Sie kleine Veränderungen erleben, Veränderungen, die Sie vielleicht zuerst gar nicht bemerken. Aber je weiter Sie in dem Prozess Ihrer Lebenserfahrung fortschreiten, desto mehr wird Ihnen bewusst, welche Fortschritte Sie gemacht haben. Sie finden im nächsten Kapitel einen Fragebogen, der Ihnen einen Überblick über Ihre allgemeinen Erfolgsvoraussetzungen in den unterschiedlichen Lebensbereichen gibt. Vielleicht haben Sie Lust, diesen Test gleich einmal zu machen. Am Ende Ihres 21-Tage-Programms sollten Sie ihn dann unbedingt wiederholen – Sie werden überrascht sein!

Meine Methode unterscheidet sich von anderen beispielsweise darin, dass die Techniken in Ihnen weiterwirken, auch wenn Sie sie gar nicht mehr bewusst anwenden. In den nächsten 21 Tagen wird das, was Sie tun, eine Welle positiver Veränderungen in Ihrem Leben auslösen, die nach und nach jeden Lebensbereich erfassen wird. Die Tepperwein-Methode für persönliches Wachstum funktioniert bei jedem Menschen. Sie ist so ausgereift, dass sich schon vom ersten Tag an grundlegende Veränderungen in Ihnen vollziehen können.

Manchmal gibt es eine spontane verblüffende Veränderung oder die plötzliche Lösung eines Problems – manchmal dauert es etwas länger. Es ist wie bei einem großen Ozeandampfer: Zuerst sieht man gar nicht, ob er manövriert oder still liegt, aber sobald er Fahrt aufgenommen hat, ist es schwer, ihn zu stoppen.

Das Beste daran ist, dass Sie nichts lernen und sich nicht bemühen müssen. Sie brauchen keine besonderen Erfahrungen oder Fähigkeiten mitzubringen. Sie können sich völlig entspannen und dem Lebensprozess hingeben.

Manche Menschen fangen an, ein Selbsthilfebuch zu lesen, hören aber mittendrin auf, weil sie meinen, dass es schwierig sei oder sie nicht die richtigen Voraussetzungen erfüllen. Machen Sie sich klar: Wenn Sie nicht Ihr Leben bestimmen, dann machen es andere!

Also, sind Sie entschlossen? Sind Sie bereit, am Spiel des Lebens teilzunehmen? Möchten Sie Ihre wahren Möglichkeiten und Fähigkeiten entdecken?

Ihre Reise fängt gleich im nächsten Kapitel mit einem Fragebogen an, und dann zeige ich Ihnen die Landkarte Ihres Lebens auf. Sie ziehen eine Bilanz Ihres Lebens. Mit den darauf folgenden Kapiteln beginnen Sie Tag für Tag, Ihr wahres Potenzial freizulegen, um der Mensch zu werden, der Sie wirklich sind.

Kapitel 1
Ihr Leben als Meisterwerk

Irgendwann, früher oder später, wachen wir auf und stehen vor der Aufgabe, wirklich zu leben. Niemand hat uns das beigebracht. In der Schule haben wir Lesen, Schreiben und Rechnen gelernt. Wir haben gelernt, welche Schlachten Alexander der Große wann und wo geschlagen und gewonnen hat. Wir haben gelernt, wie viele Einwohner New York hat, wie lang der Nil ist und wie viel Gold in Süd-Australien gefördert wird.

Was wir nicht gelernt haben, ist, wie man wirklich lebt. Wie man seinen Körper gesund erhält, wie man den richtigen Beruf und später vom Beruf zur Berufung findet. Wie man den richtigen Partner anzieht und mit ihm glücklich wird. Wie man seine Probleme löst, seine Wünsche erfüllt und seine Ziele sicher erreicht. Wie man Erfolge erlangt, sein Leben bewusst gestaltet und auch im Alter jung und vital bleibt. Wie man zu sich selbst findet und ein erfülltes Leben lebt. Alles das haben wir in der Schule nicht gelernt. Wir haben nicht einmal gelernt, wie man mit seinem Denkinstrument optimal umgeht und seine faszinierenden Möglichkeiten nutzt, sein Leben bewusst nach seinen Wünschen zu gestalten.

Weil wir alles das nicht gelernt haben, schlittern wir oft über Misserfolge und Schicksalsschläge in Krisen und geben irgendwann frustriert auf. Wir glauben, mehr hätte uns das Leben nicht zu bieten. Dabei könnten wir alles haben, wenn wir nur lernen würden, wie man das Leben wirklich meistert, wie man alle seine Probleme löst, sich jeden Wunsch erfüllt und jedes Ziel sicher erreicht. Wenn wir nur lernen würden, wie man sein Schicksal und alle Lebensumstände frei bestimmt.

Denn erst dann erkennen wir, dass Schicksal eigentlich »Machsal« heißen müsste, da wir es selber machen, selber gestalten. Wir erkennen, dass wir im Leben *alles* haben können – wir müssen nur anfangen, unser Leben richtig zu führen. Es ist Ihr Leben, überlassen Sie es nicht anderen und nicht dem Zufall. Sie können sich entscheiden, welches Leben Sie ab sofort leben wollen.

Die Erfolgsvoraussetzungen

Die folgenden Aussagen sollen Ihnen zeigen, was das Leben für Sie bereithält, wenn Sie offen sind. Vielleicht verstehen Sie manchen Satz nicht, weil Sie die entsprechende Methode noch nicht kennen. Ich werde aber alle Begriffe wie »Berufung«, »arbeiten«, »mentale Programme« genauer erläutern.

Wenn Sie den Test am Ende des 21-Tage-Programms wieder durchführen, werden Sie alle Begriffe in der praktischen Anwendung kennen. Und Sie werden sich wundern, was sich alles verändert hat.

Kreuzen Sie zunächst alles einfach so an, wie Sie es verstehen und empfinden. Schätzen Sie auf der Skala von 1 bis 10 Ihre Qualitäten und Fähigkeiten ein. Notieren Sie sich Ihre Punktzahl. Es geht nicht darum, sich mit anderen zu messen oder mit einem

Normwert zu vergleichen, darum werden Sie hier auch keine Auswertung finden. Vergleichen Sie sich mit sich selbst im Laufe der Zeit. Ich empfehle, die Seiten zu kopieren und die Auswertung in Ihr Tagebuch einzutragen.

Diese Aussage kann ich bejahen:	**gar nicht** bis **voll und ganz**
Ich betrachte mich als wertvoll.	0 1 2 3 4 5 6 7 8 9 10
Ich glaube an mich und an meinen Erfolg.	0 1 2 3 4 5 6 7 8 9 10
Ich fühle mich wert, jetzt erfolgreich zu sein.	0 1 2 3 4 5 6 7 8 9 10
Meine Motivation ist stark.	0 1 2 3 4 5 6 7 8 9 10
Andere Menschen brauchen mich und meine Energien, und ich habe Ihnen etwas zu geben.	0 1 2 3 4 5 6 7 8 9 10
Ich habe beruflichen Erfolg.	0 1 2 3 4 5 6 7 8 9 10
Ich habe privaten Erfolg.	0 1 2 3 4 5 6 7 8 9 10
Ich habe in der Partnerschaft Erfolg.	0 1 2 3 4 5 6 7 8 9 10
Ich verfolge beharrlich mein Ziel.	0 1 2 3 4 5 6 7 8 9 10
Ich halte bis zum Erfolg durch.	0 1 2 3 4 5 6 7 8 9 10
Ich »arbeite« nicht mehr, ich lebe mit Freude meine Berufung.	0 1 2 3 4 5 6 7 8 9 10
Ich kann mich gut konzentrieren.	0 1 2 3 4 5 6 7 8 9 10
Ich bin sehr diszipliniert.	0 1 2 3 4 5 6 7 8 9 10
Ich bin bereit, Neues aufzunehmen.	0 1 2 3 4 5 6 7 8 9 10
Ich bin in der Lage zu genießen und mich zu freuen, intensiv wahrzunehmen, zu erleben und das zu tun, was mir guttut.	0 1 2 3 4 5 6 7 8 9 10

Diese Aussage kann ich bejahen:	**gar nicht** bis **voll und ganz**
Ich erlebe enge und tiefe Freundschaften.	0 1 2 3 4 5 6 7 8 9 10
Ich führe positive »Selbstgespräche« und baue mich durch mein positives Denken auf.	0 1 2 3 4 5 6 7 8 9 10
Ich habe ein positives Selbstbild.	0 1 2 3 4 5 6 7 8 9 10
Ich nutze mein Denkinstrument optimal.	0 1 2 3 4 5 6 7 8 9 10
Ich höre oft mentale Programme, um mich seelisch aufzubauen und innerlich gegen Negativität von außen zu stärken.	0 1 2 3 4 5 6 7 8 9 10
Ich höre oft aufbauende Hörbücher, um Inhalte besser zu verinnerlichen.	0 1 2 3 4 5 6 7 8 9 10
Ich wandle unerwünschte Situationen oft mental um.	0 1 2 3 4 5 6 7 8 9 10
Ich setze das, was ich mir wünsche, erfolgreich um.	0 1 2 3 4 5 6 7 8 9 10
Ich verstehe die Botschaften, die mir das Leben gibt.	0 1 2 3 4 5 6 7 8 9 10
Ich erkenne und nutze rechtzeitig die Chancen, die das Leben mir bietet.	0 1 2 3 4 5 6 7 8 9 10
Ich beachte die geistigen Gesetze.	0 1 2 3 4 5 6 7 8 9 10
Ich beherrsche die Kunst des Zuhörens.	0 1 2 3 4 5 6 7 8 9 10
Ich vertraue meiner Intuition.	0 1 2 3 4 5 6 7 8 9 10
Oft erlebe ich »günstige Zufälle«.	0 1 2 3 4 5 6 7 8 9 10
Ich beachte die Zeitqualität.	0 1 2 3 4 5 6 7 8 9 10
Ich kann gut mit Zeit umgehen.	0 1 2 3 4 5 6 7 8 9 10
Ich tue, was ich als richtig erkannt habe.	0 1 2 3 4 5 6 7 8 9 10

Diese Aussage kann ich bejahen:	**gar nicht** bis **voll und ganz**										
Ich nutze die Kraft der bildhaften Vorstellung.	0	1	2	3	4	5	6	7	8	9	10
Ich habe das Feuer der Begeisterung entfacht.	0	1	2	3	4	5	6	7	8	9	10
Ich habe Charisma.	0	1	2	3	4	5	6	7	8	9	10
Ich kenne den Sinn meines Lebens.	0	1	2	3	4	5	6	7	8	9	10
Ich folge meiner wahren Berufung.	0	1	2	3	4	5	6	7	8	9	10
Ich habe meine Lebensvision gefunden.	0	1	2	3	4	5	6	7	8	9	10
Ich erlebe das Leben als freudvolles Spiel.	0	1	2	3	4	5	6	7	8	9	10
Ich erlebe oft erfüllende Augenblicke.	0	1	2	3	4	5	6	7	8	9	10
Ich gehe achtsam durchs Leben.	0	1	2	3	4	5	6	7	8	9	10
Ich bin gesund und vital.	0	1	2	3	4	5	6	7	8	9	10
Ich lebe ein erfüllendes Leben.	0	1	2	3	4	5	6	7	8	9	10
Ich bin im Leben ein Gewinner.	0	1	2	3	4	5	6	7	8	9	10

Erfolgreich leben

Der Erfolg in Ihrem Leben ist von Ihrer Einstellung abhängig. Beginnen Sie damit, dieses Buch nicht im herkömmlichen Sinn zu lesen, sondern seine Inhalte wirklich Seite für Seite mit allen Sinnen in Besitz zu nehmen. Der wichtigste Faktor dabei ist, als *wer* Sie lesen. Überwiegt Ihr Verstand, der lediglich neues Wissen erwerben will, oder lesen Sie als Sie selbst, wollen Sie sich an sich selbst erinnern lassen? Gehen Sie den

Weg als Opfer der Umstände oder als bewusster Schöpfer? Und was bedeutet eigentlich Erfolg für Sie?

Als wichtigste Voraussetzung für eine erfolgreiche Umsetzung der Erkenntnisse in diesem Buch gilt, dass Sie wirklich präsent sind und nicht nur die Worte lesen. Dass Sie nicht nachdenken, sondern *wahrnehmen.* Dass Sie in diesem Bewusstsein jede Information nicht nur als mögliche Wissensbereicherung ansehen, sondern als Energiepotenzial mit einer bestimmten Wirkungsabsicht erkennen und sich davon verwandeln lassen.

Vielleicht hilft es Ihnen auch, wenn Sie sich vorstellen, dieses Erkenntnis-Buch sei das einzige Buch über Lebenserfolg, das Sie jemals als Hilfe zur Verfügung haben werden. Bei dieser Vorstellung wird jeder Satz, jede Übung und jede gewonnene Erkenntnis zu einem besonderen Geschenk mit dem Potenzial zur positiven Wandlung.

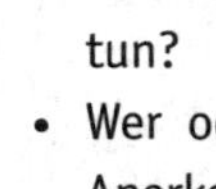

Nehmen Sie sich einen Moment Zeit, und fragen Sie sich:

- Was will ich in meinem Leben erreichen? Und warum?
- Was habe ich bisher dafür getan und was bin ich bereit, jetzt zu tun?
- Wer oder was spielt die Hauptrolle in meinem Leben: Erfolg? Anerkennung? Geld? Besitz? Liebe?
- Oder ich selbst?
- Was ist mein Wunschtraum und wann will ich ihn verwirklichen?
- Bin ich bereit, jetzt damit zu beginnen?
- Bin ich wirklich bereit, in den kommenden 21 Tagen mein Leben zu verändern? Und dann auch in der Zukunft?

Wenn wir annehmen, dass unser Leben mit der Geburt beginnt und mit dem Tod endet, dann kann der Sinn des Lebens eigentlich nur darin bestehen, so gesund wie möglich und so lange wie möglich zu leben.

Erkennen wir uns aber als ewiges Bewusstsein, dann müssen wir uns fragen: Was bleibt uns denn von der Zeitspanne, die wir ein Leben nennen? Besitz, Anerkennung, Macht, Freunde, unsere Kinder, unsere Partner – alles lassen wir zurück. Wir sind nackt gekommen und werden nackt gehen. Was uns wirklich bleibt, sind nur unsere Erkenntnisse. Der Sinn des Lebens kann es also nur sein, möglichst wenig Zeit zu verlieren mit dem Erwerb von Dingen, die wir ohnehin hier zurücklassen werden, und möglichst viel von dem zu erwerben, was wir über die Grenzen dieses Lebens hinaus mitnehmen.

Dabei werden wir immer wieder einmal Menschen und Umständen begegnen, die wir schon kennen. Schön, wenn ich dann nicht sage: »Ach, das kenne ich ja schon«, sondern mich eher frage: »Warum wiederholt das Leben diese Information?« Vielleicht kenne ich sie, habe sie aber noch nicht umgesetzt.

Dieses Buch ist Ihre Chance, Erkenntnisse zur lebendigen Realität werden zu lassen, nicht nur interessante Informationen zu bekommen, sondern das, was für Sie wichtig ist, gleich geschehen zu lassen. Sich durch alles an sich selbst erinnern zu lassen, um auf diese Weise immer mehr der zu werden, der Sie wirklich sind. So kann »Selbstverwirklichung« geschehen. Niemand außer Ihnen kann dies in die Wege leiten.

Die Wirklichkeit als Abbild Ihrer Gedanken

Wir leben gleichzeitig in zwei Welten: der inneren Welt unserer Gedanken, Gefühle, der Ideale, Wünsche und Ziele. Und der äußeren Welt der Menschen, Dinge, Orte, Situationen, Ereignisse und Wirkungen.

Man kann sagen: Die Ursache liegt innen und außen zeigt sich die Wirkung. Statt nun, wie es natürlich wäre, die äußere Welt als Spiegel zur Kontrolle der selbstverursachten Wirkungen zu nehmen, benutzen wir meist die innere Welt als Spiegel. Dort reagieren wir auf die Wirkungen der äußeren Welt, indem wir uns ärgern oder freuen. Das aber bringt viele Schwierigkeiten mit sich. Wir beginnen genau in dem Augenblick, unsere Wirklichkeit und alle Lebensumstände bewusst zu erschaffen, wo wir aufhören, nur auf sie zu reagieren.

Der erste Schritt in ein neues und erfolgreiches Leben ist lächerlich einfach: Sie brauchen nur anzufangen, Ihre Gedanken zu beobachten. Bevor Sie eingreifen, machen Sie sich einmal durch Beobachten bewusst, was Sie gerade gedanklich verursachen. Denn Sie bekommen nicht das, was Sie sich dringend wünschen oder unbedingt zu brauchen meinen, sondern das, was Sie sich »erdenken«. Es ist nicht sinnvoll, einfach nur zu hoffen oder zu wünschen oder hart zu arbeiten, das ist Zeitverschwendung und wird Sie nicht weiterbringen. Erfolg versprechend ist nur eines: Ändern Sie Ihr Denken! Es ist die Ursache all dessen, was in Ihrem Leben geschieht.

Ein neuer Gedanke braucht natürlich einige Wiederholungen, bevor er wirklichkeitsverändernde Spuren in Ihrem Bewusstsein hinterlässt. Sich zwei- bis dreimal mit einer Sache zu befassen, reicht dazu nicht aus. Henry Ford hat ganz richtig gesagt, dass sich eine Sache wie von selbst entwickelt, wenn man *ständig* daran denkt.

Wenn Sie Ihren Erfolg also unvermeidbar machen wollen, dann schaffen Sie sich durch ständiges, auf das richtige Ziel gerichtete Denken das Bewusstsein eines Erfolgreichen!

Als Kinder sind wir zunächst in der passiven Rolle des Opfers. Wir sind völlig auf die Mutter und die Umwelt angewiesen. Irgendwann aber sollten wir die Opferhaltung loslassen, erwachsen werden, uns als Schöpfer erkennen, die Verantwortung für unser Leben übernehmen und die Lebensumstände bewusst selbst bestimmen.

Was hinter uns liegt, ist unbedeutend im Verhältnis zu dem, was vor uns liegt. Aber auch das, was vor uns liegt, ist winzig im Vergleich zu dem, was *in* uns liegt. Das zu entdecken und damit zu meistern, was vor uns liegt, ist das Ziel dieses Buches, dieses Entwicklungs-Beschleunigers. Das heißt jeden Schritt präzise vorzubereiten und präzise durchzuführen, ohne perfektionistisch zu sein. Und dabei doch das Unmögliche zu versuchen, um das Mögliche zu erreichen und letztlich zu erkennen, dass nichts unmöglich ist.

Es ist nicht sinnvoll, jemanden ins Ziel zu tragen. Er hätte nicht die Kraft, sich dort zu halten. Sein Bewusstsein wäre nicht in Harmonie mit dem Ziel. Damit wäre es auch keine Hilfe, sondern eine Störung seiner Entwicklung. Sie würden ihm die Chance nehmen, das Ziel selbst zu erreichen. Ein wichtiger Helfer auf dem Weg ist die Geduld. Denn die Kunst, Fehler zu vermeiden, ist, mit Geduld zu warten, bis sich alles stimmig anfühlt.

Wenn es rundum stimmt, sind wir auch erfolgreich, denn

ganz gleich, ob es um unseren Beruf, unsere Partnerschaft, unsere Gesundheit oder unsere spirituelle Entwicklung geht, wir wollen erfolgreich sein. Wünschen allein aber genügt nicht, denn auch der Erfolg gehorcht dem Gesetz von Ursache und Wirkung. Überfluss – in welchem Lebensbereich auch immer – ist ein natürliches Gesetz des Universums. Wohin Sie schauen, ist die Natur geradezu verschwenderisch großzügig. Und doch ist es ebenso offensichtlich, dass in Ihnen selbst die Ursache für Ihren Erfolg oder Misserfolg liegt. Der einzige Mensch, der Sie erfolgreich und glücklich machen kann, sind Sie selbst. Die Fülle wartet darauf, für Sie in Erscheinung zu treten – Sie brauchen nur zu säen, was immer Sie ernten wollen.

Viele sagen: »Mal sehen, was mir das Leben so bringt.« Aber was ist »das Leben«? Das hieße Autofahren, ohne zu lenken, und dabei zu sagen: »Mal sehen, wohin das Auto fährt.« Mit großer Wahrscheinlichkeit in den Straßengraben. Und da landen leider auch viele Menschen in ihrem Leben.

Haben Sie heute schon gelebt?

In diesem Entwicklungs-Beschleuniger lernen wir, es gut mit uns selbst zu meinen, uns selbst ein guter Freund zu sein. Dazu gehört auch, einmal über sich selbst nachzudenken und zu erkennen: »Ich muss nicht müssen.«

Wir haben in jedem Augenblick die freie Wahl in unserem Tun, aber auch die volle Verantwortung dafür, dass wir das Richtige tun. Spüren Sie in den nächsten 21 Tagen jedes Muss in Ihrem Leben auf, und entfernen Sie es. Das heißt letztlich auch, nicht mehr arbeiten zu *müssen,* nichts mehr nur wegen des Geldes zu tun, und nichts, was Ihnen keine Freude macht. Auch wenn es sich unglaublich anhört: Es geht wirklich!

Sie können den Augenblick genießen und sich von der Freude hin zur Erfüllung führen lassen. Sie können erkennen, dass alle Grenzen nur in Ihrer Vorstellung existieren und die richtigen Prioritäten in Ihrem Leben setzen. Sie können lernen, sich wieder zu wundern, aber auch zu »bewundern«. Bemühen Sie sich, die Botschaften des Lebens zu erkennen und zu befolgen: Alles, was an Sie herangetragen wird, sind nur »Angebote des Lebens«, Ihnen zu helfen, sich zu erkennen. Und andersherum macht Sie alles »Unheil« in Ihrem Leben nur darauf aufmerksam, wo etwas noch nicht stimmt. Befolgen Sie diese »Botschaft«, damit sie nicht wiederholt werden muss. Erkennen Sie rechtzeitig, was zu tun ist. Vielleicht brauchen Sie bald gar nicht mehr zu warten, bis eine Botschaft kommt – Sie wissen schon, was stimmig ist.

Schauen Sie nicht mehr auf den Mangel, sondern erkennen Sie, wieviel in Ihrem Leben schon in Ordnung ist. Listen Sie zehn Gründe auf, warum Sie glücklich sein können. Es können natürlich auch viel mehr Gründe sein.

Die Suche nach dem Glück

Die Suche nach dem Glück begleitet uns ein Leben lang. Als Kind hatten wir noch keinen Zweifel daran, dass das Leben als Fest der Freude gedacht ist. Aber heute sind wir froh, wenn es uns gelingt, allzu großes Unglück zu vermeiden. Die meisten schrauben mit zunehmendem Alter ihre Erwartungen immer weiter zurück und geben die Suche nach dem Glück schließlich ganz auf.

Wenn Sie bewusst durch die 21 Tage gehen, werden Sie erkennen, dass die Ursache für Ihr Glück in Ihnen selbst liegt. Damit beginnt eine neue Dimension des Lebens. Viel hängt von Ihrer Bereitschaft ab, die ungelösten Anteile Ihres Seins anzuschauen, anzunehmen und zu erlösen, bevor wahres Glück möglich wird.

Die meisten halten das Versprechen der Mystiker aller Zeiten, dass das Glück im Menschen selbst zu finden sei, für einen frommen Wunsch weltfremder Idealisten – unerreichbar für den Normalbürger. Während in den östlichen Kulturen ein Teil dieses Wissens erhalten blieb, ist es bei uns weitgehend verloren gegangen.

In Wahrheit ist das Leben ein Geheimnis, das darauf wartet, entdeckt zu werden. Und wenn Sie es wirklich lüften wollen, dann ziehen Sie jetzt die Bilanz Ihres Lebens – und zwar schriftlich! Lassen Sie sich viel Zeit dabei, ich begleite Sie Schritt für Schritt.

Die Fragen führen Sie in die verschiedenen Bereiche Ihres Lebens. Richten Sie den Scheinwerfer Ihrer Wahrnehmung darauf, und schreiben Sie leicht und unverkrampft, was Ihnen einfällt. Sie erkennen dann, ob Sie auf dem richtigen Weg sind, ob Sie Ihr Lebensziel kennen und ob der eingeschlagene Weg auch wirklich zum erwünschten Ziel führt. Sie werden herausfinden, was sich schon erfüllt hat und deshalb losgelassen werden kann. Aber auch, was noch unerfüllt ist und verwirklicht werden will.

Es lohnt sich, die Fragen ein paar Wochen später, am besten nach Abschluss dieses Buchprogramms, zu wiederholen – die Antworten werden sich gründlich geändert haben. Wenn Sie den Weg, den wir hier in 21 Tagen vorbereiten, ernsthaft und zugleich leicht und spielerisch gehen, dann wird sich Ihr Sein verändern. Ihre neuen inneren Überzeugungen und Glaubenssätze, Ihre gesamte »energetische Signatur« entsprechen dann Ihrem neuen Bewusstsein. Sie werden sich in sich selbst wohl fühlen, weil Sie sich daran erinnern, wer Sie wirklich sind. Sie machen Ihr Leben zu einem Meisterwerk.

Die Bilanz Ihres Lebens

Möglichst früh im Leben sollten Sie sich fragen, ob Sie auf dem richtigen Weg sind.

- Kennen Sie Ihr Lebensziel, und wissen Sie, ob der eingeschlagene Weg auch wirklich zum erwünschten Ziel führt?
- Wissen Sie, was sich schon erfüllt hat und deshalb losgelassen werden kann?
- Wissen Sie, was noch unerfüllt ist und verwirklicht werden will?

Wenn Sie im Leben wirklich in allen Bereichen Erfolg haben wollen, dann sollten Sie klären:

- Was verstehe ich unter Lebenserfolg?
- Welchen Erfolg strebe ich in Zukunft an?
- Wie steht es gegenwärtig um mich?

Der erste Schritt, Ihr Leben wirklich in die Hand zu nehmen, ist das Akzeptieren der Tatsache, dass Sie die alleinige Verantwortung für Ihr Leben und Schicksal haben, und diese voll und ganz zu übernehmen. Meistens haben wir nur gelernt, unsere Lebensumstände zu beschreiben, aber wir haben nicht gelernt, sie zu beherrschen. Wir sind Schöpfer unserer Lebensumstände, aber wir leben wie Opfer der Situationen, die wir uns selbst geschaffen haben. Dabei gibt es keine Schuld, sondern nur Ursache und Wirkung. Sie allein tragen die Verantwortung dafür, was Sie denken, fühlen, sagen und tun. Und Sie allein tragen die Konsequenzen.

In der folgenden Bilanz Ihres Lebens machen Sie sich bewusst, wo und wodurch es noch nicht stimmt und was zu tun und zu lassen ist, damit es stimmig wird. Sie brauchen auf nichts und niemanden zu warten, sondern Sie tun jetzt, was zu tun ist. Aus dieser Eigenverantwortung heraus überlassen Sie keinem anderen mehr die Führung Ihres Lebens. Sie selbst bestimmen, was geschieht. Aus der Annahme dieser Verantwortung ergeben sich zwangsläufig bestimmte Konsequenzen – und wieder entscheiden Sie, ob Sie jetzt dafür bereit sind, sie zu ziehen und auf welche Art und Weise.

Sie lassen sich davon leiten, was Sie erfüllt. Und dabei erkennen Sie, wo Sie zustimmen, was mit Ihnen übereinstimmt. Daraus ergeben sich für Sie in jedem Augenblick die individuellen Schritte und aus diesen Schritten entsteht Ihr einmaliger Lebensweg.

In der Lebensbilanz schauen Sie sich alle Lebensbereiche an: die berufliche Situation, die finanzielle Situation, Ihr Verhältnis zu Geld, die Freundschaften, die Partnerschaft und Sexualität, die familiäre Situation, Ihren kreativen Selbstausdruck, die Berufung, die körperliche Vitalität, die Gesundheit, die Wohnsituation, das persönliche Wachstum und die Spiritualität.

Es erfordert etwas Mut und Offenheit, sich das eigene Leben unvoreingenommen anzuschauen. Schauen Sie mit Freude hin, auch – und gerade – auf das, was Sie noch optimieren können, wo Sie noch mehr erleben wollen, wo Sie Ihre Erfahrungen noch vertiefen möchten, wo Sie noch besser werden möchten.

Diese Lebensbilanz kann Ihnen sehr viel klarmachen – auf keinen Fall hat sie etwas mit Schuld oder Verurteilung zu tun. Überhaupt gebe ich in diesem Buch niemals Zurechtweisungen, sondern eher Richtungsweisungen, ich empfehle und rate. Und Rat hilft dem, der nach einer Richtung sucht. Da Sie dieses Buch gekauft haben, sind Sie offensichtlich bereit, Ihrem Leben eine neue Richtung zu geben. Bedenken Sie: Alles ändert sich ohnehin, nichts bleibt wie es ist. Und wenn sich sowieso alles ändert, warum dann nicht zu Ihren Gunsten?

Die Lebensbilanz

Überlegen Sie, wie tief Sie sich auf all die Lebensbereiche eingelassen haben, welche Zufriedenheit und Erfüllung Sie in jedem Bereich bisher erfahren haben und welche Wünsche und Sehnsüchte noch unerfüllt geblieben sind.

In der ersten Spalte tragen Sie ein, wie Sie sich auf den jeweiligen Bereich bisher eingelassen haben. Wie sehr haben Sie ihn gelebt, wie weit haben Sie ihn verwirklicht. Wie wichtig haben Sie diesen Bereich genommen. In der zweiten Spalte können Sie sich darüber bewusst werden, wie viel Zufriedenheit und Erfüllung Ihnen dieser Bereich geschenkt hat. Und Spalte drei fordert Sie auf, Ihre unerfüllten Wünschen und Sehnsüchte anzuschauen.

Bewerten Sie alle Bereiche der Spalten 1 und 2 mit der Skala von 0 bis 10 Punkten. Eine 0 tragen Sie ein, wenn Sie sich auf den betreffenden Bereich gar nicht eingelassen haben oder keinerlei Erfüllung dort erfuhren. Die 10 schreiben Sie, wenn Sie sich voll und ganz auf den Bereich eingelassen und das Maximum an Zufriedenheit genossen haben. Alle Stufen dazwischen sind natürlich auch möglich. In einem nächsten Schritt überlegen Sie, ob es noch offene Wünsche in den Bereichen gibt, und wenn ja, welche. Es empfiehlt sich, diese Tabelle zu kopieren und in Ihr Tagebuch einzufügen, um Veränderungen beobachten zu können.

	Tiefe des Erlebens	**Erfüllung**	**offene Wünsche**
Berufliche Situation			
Beziehung, Partnerschaft, Sexualität			
Kreativer Selbstausdruck, Berufung, Tun aus reiner Freude			
Geld, Finanzen			
Körper, Gesundheit			
Wohnsituation			
Familiäre Situation			
Persönliches Wachstum und Spiritualität			
Andere wichtige Aspekte Ihres Lebens, z.B. Hobby, Natur, Tiere			

Ihre Erkenntnisse aus der Lebensbilanz

Im nächsten Schritt sollten Sie sich etwas genauer ansehen, wie es um die einzelnen Lebensbereiche steht. Gehen Sie zunächst alle durch und schreiben in Ihr Tagebuch:

- Was fehlt in diesem Bereich?
- Welche Wünsche und Erwartungen sind offen?

Greifen Sie jetzt einen Bereich heraus, in dem sehr viele Wünsche offen sind. Konzentrieren Sie sich auf Ihre Gefühlsenergien zu diesem Bereich. Vermutlich sind Sie schon oft in andere Aktivitäten geflüchtet und haben diesen Bereich gemieden. Dort, wo die meiste Sehnsucht, die meisten Wünsche zu finden sind, liegt Ihr größtes Potenzial für persönliches Wachstum. Ihre Punktzahlen zeigen Ihnen, was jetzt zu tun ist. Schreiben Sie sich auf, was Sie als Ihre momentane Hauptaufgabe herausgefunden haben. Notieren Sie nun, wie der Bereich aussehen wird, wenn alles erreicht ist, wenn Sie die vollkommene Erfüllung erleben. Lassen Sie dabei Ihrer Fantasie freien Lauf, und sehen Sie innerlich die Vision der Erfüllung in diesem Bereich und auch in der Gesamtsituation. Beginnen Sie zum Beispiel mit »Ideal wäre es, wenn …« Fragen Sie sich nun ehrlich:

- Welche Ängste haben Sie?
- Wovor?
- Warum?

Offene Wünsche oder unerfüllte Sehnsüchte in einem Bereich zeigen, dass dort Angst vorhanden sein muss. Wenn nicht, hätte die

Sehnsucht längst einen Weg gefunden, den Wunsch zu verwirklichen. Es reicht aus, wenn Sie die Angst jetzt wahrnehmen und anerkennen. Indem Sie sie beachten, beginnt sie sich schon aufzulösen. Die Übung »In sich selbst ruhen« (S. 39f.) wird Ihnen helfen, die Ängste loszulassen. Sie wissen ja, alles ändert sich, nichts bleibt, wie es ist. Wenn sich ohnehin alles verändert, dann können auch Ihre Ängste aufgelöst, erlöst werden.

Das 21-Tage-Programm

Die Erfahrungen aus den Seminaren haben immer wieder gezeigt, dass neue positive Gewohnheiten zuverlässiger Teil des Lebens werden, wenn sie an 21 Tagen hintereinander praktiziert werden. Ich möchte Ihnen mit diesem 21-Tage-Programm helfen, Ihren persönlichen Wachstumsprozess zu beobachten und mit kurzen Stichworten an jedem Tag zu notieren, was Ihnen wichtig erscheint. Werden Sie Zeuge Ihres Seins. Erkennen Sie sich selbst als Puzzleteil des Lebens mit bestimmten Eigenschaften, Fähigkeiten und Möglichkeiten. Machen Sie sich immer wieder klar, dass das Leben zu Ihrer Freude stattfindet, um Ihnen die Möglichkeit zu geben, die Vollkommenheit Ihres wahren Seins zu erleben. Damit Sie werden, was Sie sind und immer schon waren.

Halten Sie in Ihrem Tagebuch 21 Seiten oder Doppelseiten frei. Notieren Sie immer oben auf die Seite: Tag 1, Tag 2, Tag 3 etc. Es lohnt sich, auch das Datum hinzuzufügen. Tragen Sie dann im Laufe dieser drei Wochen ein, welche Gespräche und

Begegnungen Ihnen neue Erkenntnisse über sich selbst gegeben haben, welche Zufälle Ihnen begegnet sind, welche Botschaften Sie vom Leben allgemein bekommen haben. Das kann ein spezieller Film mit einer wichtigen Aussage sein, eine Information im Radio, ein bestimmter Song oder ein Erlebnis mit einem Tier oder einem kleinen Kind oder ein Sonnenuntergang ... alles gehört zu Ihrem Alltag und kann Ihr Leben bereichern, wenn Sie aufmerksam hinschauen, zuhören und hinfühlen. Völker wie die Indianer achteten auf die Zeichen in der Natur. Für sie waren die Tiere weise Lehrer, die Botschaften überbringen können. Machen Sie es ihnen nach. Lassen Sie sich überraschen, was in Ihrem Leben alles passiert, nachdem Sie fest entschlossen sind, Ihr Leben zu einem Meisterwerk zu machen.

Der Alltag als »Seminar«

Nachdem Sie sich einmal Ihr Leben in den verschiedenen Bereichen angeschaut haben, sollten Sie den Alltag als Ihr ständiges »Seminar« ansehen und dabei auch das Besondere im scheinbar Unbedeutenden und Alltäglichen entdecken.

Dan Millman berichtet von einer Begebenheit in seinem Buch *Die Goldenen Regeln des friedvollen Kriegers.* Er übte auf einer Wiese versunken Tai Chi, alles war im Fluss. Dann übernahm sein Alltagsbewusstsein wieder die Regie, er bemerkte die bewundernden Blicke einiger Studenten, fühlte sich geschmeichelt und plumpste beim Anziehen seiner Trainingshose ungeschickt zu Boden. Eine zunächst peinliche Situation, die ihm zeigte, wie sehr er Tai Chi als hohe Kunst der Bewusstheit vom Rest seines Lebens getrennt hatte. Ganz treffend folgert Millman: »Es gibt keine gewöhnlichen Momente.«

Seien Sie bei allem ganz dabei, nicht nur physisch anwesend, denn sonst können Sie es genauso gut bleiben lassen. Das Leben ist eine Serie von Momenten, die Sie entweder wach oder schlafend erleben. Entweder Sie leben voll und ganz – oder Sie sind eigentlich so gut wie tot. Die beste Antwort auf die Frage, ob es ein Leben nach dem Tod gibt, ist die Gegenfrage, wie es um das Leben *vor* dem Tod steht.

Gehen Sie mit keinem Augenblick Ihres Lebens so um, als sei er etwas Gewöhnliches. Fragen Sie sich in den nächsten 21 Tagen öfters mal (und danach am besten Ihr ganzes Leben lang): Lebe ich jetzt in diesem Augenblick wirklich voll und ganz?

Erkennen Sie, dass die Qualität eines jeden Augenblicks nicht davon abhängt, was er uns gibt, sondern eher wie wir ihn erfüllen? Dann ist kein Augenblick mehr alltäglich, so banal und routinemäßig er auf den ersten Blick auch erscheinen mag. Wenn Sie dem Gehen, Sitzen, Schreiben, Atmen gleichermaßen Ihre ganze Aufmerksamkeit widmen, dann wird Ihnen das Leben viel Freude machen. Und Sie werden erkennen, dass das Leben sich verändert, weil Sie sich verändert haben. Von innen heraus haben Sie Ihre Einstellung dem Leben gegenüber verändert.

Entwickeln Sie nun ein klareres Gefühl dafür, dass Sie in zwei Welten leben: der inneren Welt der Gedanken und Ursachen und der äußeren Welt der Menschen, Dinge, Ereignisse und Wirkungen. Bisher benutzten Sie wahrscheinlich eher die innere Welt als Spiegel und reagierten auf die äußeren Ereignisse, indem Sie sich freuten oder ärgerten oder traurig waren. Sie können aber die äußere Welt als Spiegel zur Kontrolle der von Ihnen verursachten Wirkung benutzen. Von innen heraus erschaffen Sie dann eine andere Realität. Die fundamentale Übung dafür ist das »In sich selbst ruhen«, die ich Ihnen gleich vorstellen werde. Sie hilft Ihnen, wieder im wahrsten Sinn des Wortes zu Bewusstsein zu kommen und sich als derjenige durch das Leben zu bewegen, der Sie wirklich sind: als Sie selbst.

In sich selbst ruhen

Jede Ausbildung, jedes Training, jede Beratung, jede Therapie, jede Heilung, jede Entwicklung und auch Ihr persönlicher Wachstumsprozess im Alltag in den nächsten 21 Tagen – und hoffentlich Ihr Leben lang – befasst sich mit dem Ich. Wir sollten uns deshalb einmal fragen, wer dieses Ich eigentlich ist. Wen meine ich, wenn ich »ich« sage, wer handelt, wenn »ich« etwas tue, für wen tue »ich« das, was ich tue? Gibt es mich eigentlich und woher will ich das wissen? Wer ernsthaft in sich geht, muss damit rechnen, niemanden vorzufinden.

Sie sehen, hören, riechen, fühlen und schmecken, aber haben Sie den, der da sieht, schon einmal gesehen oder den Hörer schon einmal gehört? Wo ist der, der da sieht, hört, fühlt, schreibt?

Falls es dieses Ich gar nicht geben sollte, wer hat dann eigentlich Probleme im Leben? Wer ist eitel, machthungrig oder ängstlich? Wer hat Spaß und Freude am Leben? Und wer fährt morgens zur Arbeit, heiratet, hat Kinder? Ein »Ich«? Was wäre, wenn es dieses Ich gar nicht gäbe?

Sobald wir erkannt haben, dass dieses Ich gar nicht existiert, dass es nur ein im wahrsten Sinne des Wortes »eingebildetes Zentrum« ist, sind wir frei. Frei von allen Schwierigkeiten, die aus diesem Ich resultieren.

Alle Ihre Lebensprobleme stammen aus diesem Ich, das gar nicht existiert. Sobald Sie aus der Illusion des Ichs heraustreten, können Sie noch einmal ganz von vorne anfangen, ohne jede Belastung, ohne Vergangenheit. Alle Möglichkeiten hegen vor Ihnen und warten darauf, wie Sie sich entscheiden.

Natürlich können Sie sich dafür entscheiden, sich ein neues Ich zu schaffen, eines, das wirklich zu Ihnen passt. Sie könnten aber auch diese Umklammerung des Ichs auflösen und als der leben, der Sie wirklich sind. Dann erkennen Sie, dass Sie die unbewegte Mitte des Universums sind. Alles dreht sich um Sie.

Ich möchte Ihnen als Grundübung für Ihre 21 Tage das »In sich selbst ruhen« empfehlen. Alles entspringt aus Ihrem Sein, alle Gedanken, alle Gefühle, alles Tun. Es ist also sehr hilfreich, eine bestimmte Zeit am Tag still zu sein. Es ist ab und zu wichtig, mit dem Denken ganz aufzuhören und mit dem Sein in direkten Kontakt zu kommen. Wenn Sie einige Zeit still sind, werden Sie bemerken, dass Ihr Denken sich allmählich verlangsamt. Es fängt an, sich zu beruhigen. Dann können Sie darüber nachdenken, worüber Sie nachdenken. Fangen Sie an, darüber nachzudenken, in welche Richtung sich Ihre Gedanken bewegen. Halten Sie dann Ihre Gedanken davon ab, sich in diese Richtung zu bewegen. Fokussieren Sie Ihre Gedanken. Denken Sie darüber nach, worüber Sie nachdenken. Das ist der erste Schritt zur Meisterschaft. Sie beginnen im wahrsten Sinn des Wortes leicht-sinnig zu werden, Ihr Verstand hört auf zu analysieren. Und irgendwann einmal richten Sie Ihre Aufmerksamkeit auf überhaupt nichts mehr.

Um zu erreichen, dass der Verstand sich auf nichts richtet, ist es zunächst gut, wenn er sich auf etwas Bestimmtes richtet. Denn Sie können die Aufmerksamkeit nur dann auf nichts richten, wenn Sie sie vorher auf eine Sache gerichtet haben. Das Problem ist ja, dass der Verstand fast immer auf viele Dinge gerichtet ist. Er empfängt ständig Daten aus hundert verschiedenen Quellen, analysiert sie sehr schnell und schickt Ihnen Informationen über alles, was um Sie herum geschieht. Um Ihre geistige Aufmerksamkeit auf nichts richten zu können, müssen Sie all diesen geistigen Lärm stoppen. Sie müssen ihn unter Kontrolle halten, einschränken und letztlich ausblenden.

In sich selbst ruhen – eine einfache Übung mit Variationsmöglichkeiten

Setzen Sie sich bequem hin, und schauen Sie auf eine Kerze, blicken Sie in die Flamme. Achten Sie auf das, was Sie wahrnehmen. Blicken Sie tief in das Feuer. Werden Sie zur Flamme. Vielleicht möchten Sie nach einer Weile die Augen schließen. Sie fühlen sich vielleicht etwas schwer. Und wenn Sie jetzt denken, ach, das ist so etwas wie Selbsthypnose, dann analysieren Sie schon wieder, dann geben Sie dem Ganzen ein Label. Wenn Sie beginnen, nachzudenken, dann hindern Sie sich daran, einfach bei dem Sein zu bleiben. Wenn Sie ganz bei einer Sache sind, denken Sie nicht mehr darüber nach.

Wenn Sie in die Kerze schauen, können Sie auch auf den Atem lauschen. Lauschen Sie vor allem auf das Einatmen. Dieses Hören auf Ihr Selbst hält Sie davon ab, auf alles andere zu horchen. Vielleicht erleben Sie einen Moment, in dem sich Ihr Selbst offenbart, in den Inspirationen und neue Lösungsmöglichkeiten für Probleme, Einsichten und Erkenntnisse auftauchen können.

Erwarten Sie nichts, dies wäre schon wieder eine Funktion des Verstandes. Kommen Sie immer wieder ruhig zur Kerze zurück. Entspannen Sie sich einfach, und seien Sie in Frieden mit dem selbst, mit der Leere. Die Schöpfung entsteht aus dieser Leere, Ihr Leben entwickelt sich aus dieser Leere, und Sie lassen zu, dass Ihr Leben sich aus diesem Zustand heraus harmonisch entfaltet.

Lassen Sie die folgenden Sätze in Ihr Inneres, indem Sie sie lesen, denken, fühlen und ganzheitlich wahrnehmen:

Ich bin Ruhe und Gelassenheit.
Ich genieße dieses harmonische Ruhen im Sein.
Frieden und Harmonie breiten sich in allen Zellen meines Körpers aus.
Es gibt im Augenblick nichts zu tun – nur da sein.
Ich lebe ganz im Augenblick, und das erfüllt mein Leben.
Ich bin diese Stille in der Tiefe meines Seins.
Glück breitet sich jetzt in mir aus und wird zu meinem Wesen.
Mein Atem wird immer ruhiger und ruhiger und bringt mich in die Tiefe meines Seins.
Von dort kann ich mein Leben mit Leichtigkeit erfüllen.
In dieser Ruhe tauche ich in mein Herz und erfülle mich mit Liebe.

Liebe breitet sich in jeder Zelle meines Körpers aus.
Ich spüre, dass ich in meiner Essenz Liebe bin.
Ich nehme mir die Zeit für mich selbst.
Ich nehme mir die Zeit, in Ruhe und Gelassenheit zu sein.
Die tiefe Ruhe ist die Grundlage meines positiven Denkens und meines kraftvollen Handelns.
Mein wahres Glück und meine wahre Freude finde ich in der inneren Stille.
Aus der Stille erfinde ich mein Leben immer wieder in positiver Weise neu.
Die innere Stille lässt mich meine Fähigkeiten, Begabungen und Möglichkeiten immer mehr erkennen, wertschätzen und aktiv nutzen.
Ich gestalte sie zu meinem eigenen und zum Wohle meiner Mitmenschen.

Spüren Sie, wie Sie sich beruhigen, innerlich und äußerlich. Sehr effektiv können Sie den Zustand der inneren Stille durch die akustische Methode des holistischen Lernens vertiefen (siehe Anhang).

In allen meinen Seminaren verabschiede ich mich nach dieser Wahrnehmungsübung ganz offiziell von den Kursteilnehmern und wünsche Ihnen ein wundervolles Leben aus der Fülle des Seins. Ich ernte damit oftmals ungläubiges Staunen.

Aber es ist tatsächlich so: Wenn Sie Sender dieser Energie der Quelle durch das Ruhen im Sein geworden sind, dann sind Sie in wirklichem Einklang. Sie können aus diesem Zustand des Seins jedes beliebige Ereignis in Ihrem Leben »geschehen lassen«. Sie müssen sich nicht mehr bemühen, sorgen oder schwer arbeiten. Ihr persönlicher Erfolg wird unvermeidbar. Das ist wahres Leben in der Wirklichkeit.

Sie machen sich beispielsweise für Gesundheit resonanzfähig, indem Sie Gesundheit in sich spüren, erleben, geschehen lassen. Im gleichen Augenblick beginnt sich Gesundheit in Ihrem Körper zu manifestieren. Alte Zellen werden nach einem gesunden Bauplan gegen neue ausgetauscht, Heilungsenergie wird aktiviert und wenn Sie Heilung so ständig geschehen lassen, steht das Ergebnis bereits fest: Sie werden und bleiben gesund.

Das Gleiche gilt für eine erfüllende Partnerschaft. Sie machen sich resonanzfähig dafür, Liebe zu geben, aber auch anzunehmen und lassen so die Liebe einfach geschehen. Sie werden ein idealer Partner und können eine erfüllende Beziehung genießen.

Das Gleiche gilt auch für den Weg vom Beruf zur Berufung, zur Erfüllung. Oder Ihren persönlichen Erfolg. Oder Ihre geistige Entwicklung.

Damit steht fest, dass Sie ein absolut erfolgreiches und erfüllendes Leben führen können – Sie brauchen es nur ständig geschehen zu lassen. Und Voraussetzung dafür ist, dass Sie immer wieder eintauchen in die Stille, immer wieder im Sein ruhen.

Wenn Sie sich dem Moment hingeben und loslassen, dann werden Sie großen Frieden finden. Nichts wollen, nichts tun, nichts sein, außer dem, was Sie gerade sind. Hiermit ist eigentlich alles Wesentliche gesagt – mit dem, was Sie jetzt wissen, können Sie Ihr ganzes Leben transformieren.

Natürlich besteht das Leben aus vielen Gegebenheiten, Zusammenhängen und auch nützlichen Regeln und konkreten

Hilfen, von denen Sie noch viele in den folgenden Kapiteln des Buches finden werden.

Die Lernaufgaben des Lebens

Alles, was wir erleben, enthält eine Botschaft. Das Leben spricht ständig zu uns. Die Sprache des Lebens ist die wichtigste Fremdsprache, die wir lernen sollten, bis sie uns nicht mehr fremd ist. Wenn wir diese Sprache beherrschen, haben wir gelernt, das Leben zu verstehen. Das Leben sagt uns in seiner Sprache, wie wir glücklich werden können. Authentisch und wirklich zu leben, ist unsere Berufung, und das Leben selbst ist unser individueller Einweihungsweg. Unser Leben ist der Spiegel unseres Bewusstseins. Mit unserem Bewusstsein schaffen wir unsere Welt und über die »Sprache der Lebensumstände« zeigt uns das Leben, was wir geschaffen haben und wie wir es verändern können.

Was sagt Ihnen die Sprache Ihrer Lebensumstände? Was sind Ihre Lernaufgaben?

Die bekannte Sterbeforscherin Elisabeth Kübler-Ross gibt die faszinierende Geschichte einer Frau wieder, die auf einen Stau aufgefahren ist und beobachtet, wie sich ein Fahrzeug von hinten rasant nähert. Sie weiß, dass der Aufprall unvermeidlich ist. Da bemerkt sie, dass ihre Hände das Lenkrad umklammern, und beschließt, sich zu entspannen. Ihr ganzes Leben lang war sie verkrampft und angespannt. Sie beschließt, dass sie so nicht weiterleben will, dass sie so nicht einmal sterben will. Und ihre Arme fallen entspannt seitlich vom Lenkrad. Der Unfall geschieht und sie überlebt beinahe unverletzt – dass ihr Körper so entspannt war, habe ihr wahrscheinlich das Leben gerettet, sagen hinterher die Ärzte, denn unter Muskelanspannung geschehen die größten Verletzungen.

Elisabeth Kübler-Ross hat oft die Erfahrung gemacht, dass gerade am Rande ihres Lebens vielen Menschen eine Lektion zuteilwird, und zwar nicht über den Tod, sondern über das Leben selbst. Sie befinden sich in Grenzsituationen. Sie stehen außerhalb am Rande eines neuen Lebens. Indem sie dem Schrecken unmittelbar ins Auge blicken und den Tod aus der Nähe erleben, ergeben sie sich ihm – und ihre Lebensanschauung verändert sich dauerhaft. Sie lernen die Aufgabe des Lebens.

Doch warum sollten wir bis zu einem Unfall oder bis ans Lebensende warten, um das zu lernen, was wir jetzt lernen können?

Wir können die Lektionen auch dann lernen, wenn sie noch leicht sind, wenn sie uns noch leise zugeflüstert werden. Denn wer auf die geflüsterten Unterweisungen des Lebens nicht hört, für den wiederholen sie sich als unsanfter Weckruf. »Wenn Gott anruft, empfiehlt es sich, den Hörer abzunehmen«, heißt es.

Das Universum legt uns Steine in den Weg, wenn es darum geht, dass wir endlich aufhorchen: Körperlicher Schmerz fordert uns auf, besser auf unseren Körper zu achten. Seelische Leiden machen uns auf Illusionen und Widerstände aufmerksam. Und wenn wir geistig in der Klemme sind, werden wir für die heilende Kraft des gegenwärtigen Augenblicks empfänglich. Es gibt unvermeidliche Schmerzen, doch wenn wir den sanfteren Lektionen des Lebens Beachtung zu schenken lernen, wird es Schmerz ohne Leiden sein. Jeder Schicksalsschlag hat sein Gutes und enthält Lehren, die sich uns mit der Zeit erschließen.

Was sind das für Lektionen, die das Leben uns zuwirft? Wir alle werden von denselben Dingen herausgefordert: Angst, Schuldgefühle, Zorn, Ärger, Vergebung, Zeit, Geduld, Liebe, Beziehungen, Spielen, Trauer, Macht, Glück.

Eine wichtige Lebensaufgabe kann auch sein, eine Maske oder Rolle in unserem Leben zu erkennen und abzulegen. Viele haben Rollen angenommen wie »Vater« oder »Mutter«, »Arbeiter«, »Stütze der Gesellschaft«, »Zyniker«, »Trainer«, »Einzelgänger«, »netter Kerl«, »liebe charmante Frau«, »Rebell«, »liebevolles Kind«. Solche Rollen können zu Steinen werden, unter denen unser wahres Selbst begraben liegt.

Manchmal werden uns die Rollen aufgedrängt: »Ich erwarte von dir, dass du fleißig lernst und Arzt wirst!«, »So etwas tut eine Frau nicht«, »Hier in der Firma musst du tüchtig und fleißig sein, wenn du vorankommen willst.« Oder wir übernehmen freiwillig eine Rolle, weil sie nützlich erscheint: »Mama hat es immer so gemacht, daher ist das vermutlich das Richtige«, »Alle Pfadfinder sind edel und zu Opfern bereit. Daher will auch ich so sein.«

Wenn man Lebenslektionen lernt, ist es ein bisschen, wie wenn man volljährig wird. Man ist nicht mit einem Schlag glücklicher, wohlhabender oder einflussreicher, aber man versteht die Welt besser und kommt mit sich mehr in Frieden.

Die Fähigkeit, die Sprache des Lebens zu verstehen, hilft Ihnen, Ihre persönlichen Lernaufgaben zu entdecken. Dies gehört zu Ihrer Lebensreise. Niemand anderes kann Ihnen sagen, worin sie bestehen. Jemand, der etwas über Liebe zu lernen hat, kann mehrmals heiraten oder gar nicht. Einer, der mit der Lektion des Geldes ringen muss, bekommt vielleicht überhaupt kein Geld, oder er bekommt es im Überfluss.

Letztlich wissen wir tief im Inneren alle, dass es einen Menschen gibt, der wir sein sollen. Wir spüren es, wenn wir so weit sind, zu dieser Person zu werden. Umgekehrt gilt das Gleiche: Wir wissen, wenn etwas nicht stimmt und wir nicht als der Mensch leben, als der wir vom Leben gemeint sind.

Bewusst oder unbewusst sind wir alle auf der Suche nach Antworten und versuchen die Lernaufgaben des Lebens zu erkennen. Wir ringen mit Angst- und Schuldgefühlen. Wir suchen nach Sinn, Liebe und Einfluss. Wir versuchen, Angst oder Verlust zu verstehen. Wir möchten herausfinden, wer wir sind und wie wir glücklich werden können. Oft suchen wir die Lösung in Geld, Status, dem »perfekten« Job – und müssen erkennen, dass diesen Dingen der Sinn fehlt, den wir in ihnen zu finden hofften, ja, dass sie uns sogar belasten und Sorgen machen.

Wenn wir diesen falschen Spuren folgen, bleiben wir unweigerlich mit einem Gefühl des Unerfülltseins zurück und glauben, dass Werte wie Liebe und Glück einfach unerreichbare Illusionen seien.

Im Grunde geht es aber um die entscheidende Frage: *Wer* ist es, der oder die diese Lektionen lernt? *Wer* bin ich? Wir stellen uns diese Frage im Laufe unseres Lebens immer wieder: Wir wissen mit Sicherheit, dass es zwischen Geburt und Tod eine Erfahrung gibt, die wir Leben nennen. Aber:

- Bin ich die Erfahrung oder der Erfahrende?
- Bin ich dieser Körper?

- Bin ich meine Fehler?
- Bin ich die Krankheit?
- Bin ich der Körper?
- Bin ich eine Mutter, ein Banker, ein Angestellter oder ein Motorradfan?
- Bin ich das Produkt meiner Erziehung?
- Kann ich mich wandeln – und noch immer ich sein –, oder bin ich wie in Stein gemeißelt?

Die gute Nachricht: Sie sind nichts von alledem. Unzweifelhaft haben Sie Fehler, aber Sie sind nicht diese Fehler. Sie mögen eine Krankheit haben, aber Sie sind nicht die Krankheit. Sie mögen reich sein, aber Sie sind nicht Ihr Reichtum. Sie sind nicht Ihre Wohngegend, Ihre Zensuren, Ihre Rollen und Titel. All das sind Sie nicht, weil diese Dinge veränderlich sind. Sie selbst dagegen haben etwas an sich, das undefinierbar und unwandelbar ist und das nicht verloren geht oder sich mit dem Alter, einer Krankheit oder den Umständen verändert. Es ist die Wirklichkeit Ihres Selbsts. Damit sind Sie geboren worden, damit haben Sie gelebt und damit werden Sie sterben.

Sie sind einfach auf wundervolle Weise Sie selbst! Und als Sie selbst können Sie sich immer wieder neu erfinden.

Wir sind nämlich nicht unglücklich, weil das Leben so kompliziert und schwierig ist. Wir sind unglücklich, weil wir uns an unser wahres Wesen nicht erinnern und so die dem Leben zugrunde liegende Einfachheit verfehlen.

Und *wie* spricht das Leben? Das Leben schickt entweder ein Angebot, eine Chance, eine Möglichkeit, ein Handzeichen, eine Aufforderung, einen Anstoß, eine Mahnung, eine Erinnerung, einen Schubs, einen Tritt, einen Schicksalsschlag, »Nachhilfeunterricht«, eine Katastrophe. Oder eine Bestätigung, Bestärkung oder Zustimmung.

Je mehr ich mich auf das Leben einlasse und mein Selbst erkenne, je mehr »Tiefgang« ich im Strom des Lebens habe, desto stärker spüre ich die Strömung, desto stärker spüre ich, dass ich getragen werde und desto unmittelbarer kann ich die Botschaften des Lebens verstehen. Deswegen ist die regelmäßige Übung des »In sich selbst Ruhens« so wichtig.

Das Wichtige ist, die Botschaft und ihre Konsequenz nicht nur zu erkennen, sondern auch zu befolgen. Dafür die folgende Übung:

Gehen Sie in Gedanken in ihrem Leben zurück. Notieren Sie zwei oder drei »leichte« Lektionen, die Sie gelernt haben. Dass Sie sie gelernt haben, erkennen Sie an einer veränderten Botschaft des Lebens auf dem betreffenden Bereich.

Notieren Sie nun zwei oder drei »schwierigere« Lektionen, die Sie erst lernten, nachdem Sie die leiseren Hinweise eine Zeit lang überhört hatten.

Notieren Sie abschließend zwei oder drei Lektionen, die Sie während des 21-Tage-Programms lernen möchten. Und wenn die Lebensumstände Ihnen zeigen, dass Sie sie gelernt haben, dann notieren Sie auch das in Ihrem Tagebuch – es wird ein Grund zum Feiern sein.

Den Tag positiv erfüllen

So sollte es sein: Jeden Tag neu erleben, voller Energie, Selbstvertrauen, mit innerer Kraft. Jeder Tag ist neu und so will er positiv von Ihnen erfüllt werden. Die Fähigkeit, alle Situationen, Menschen und Ereignisse aus positiver Sicht zu betrachten, weist Ihnen den Weg zu Freude und Erfüllung.

Doch wie sieht die Realität aus: Überall hören wir, wie sich die Menschen beklagen, sich selbst als Opfer betrachten oder immer wieder von den negativen Erfahrungen sprechen, die sie gemacht haben. Der Großteil der Gespräche und jeder Kommunikation – ob im Fernsehen, bei Unterhaltungen, im Restaurant, im Bus – dreht sich um das, was die Leute schlecht finden. Die Menschen sehen die Umstände und andere Menschen meistens »schwarz oder weiß«, »richtig oder falsch«, wobei die Betonung oft auf dem liegt, was abgelehnt wird.

Die Zeitungen und Massenmedien vermitteln oft eine Art Untergangsstimmung, die die geistige und emotionale Atmosphäre des Einzelnen und letztlich einer ganzen Nation prägen. Die Menschen reagieren auf eine bestimmte Art von Botschaften, und die meisten reagieren auf negative Nachrichten, besonders solche, die warnen oder Angst verursachen. Es herrscht die Ansicht, dass Angst bei der Veränderung des Menschen effektiver sei als Hoffnung.

Wenn Sie bewusst wahrnehmen, was um Sie herum geschieht, dann erkennen Sie, wie die Menschen sprechen. Und genauso denken sie. Es sind Gedanken wie »Warum passiert das immer mir?« oder »Was denken die Leute bloß von mir?« Endlos wiederholen sie Sorgen, Nöte, Befürchtungen, all das, was gestern schiefgelaufen ist und was morgen vielleicht schieflaufen könnte.

Diese Gedanken sind eine Gefahr für die seelische Gesundheit, verursachen Stress, beinträchtigen das Miteinander, die Partnerschaft und auch die berufliche Leistungsfähigkeit. Oft konzentrieren wir uns wie verbohrt auf das »Unrecht«, das uns unserer Meinung nach angetan wurde. Immer wieder wird dann durchgespielt: »Wie konnte der Kollege mich bei der Besprechung so blamieren? Das nächste Mal werde ich meinen Finger auf seine Wunde legen!«

Negative innere Selbstgespräche betreffen alle Lebensbereiche und wirken schwächend auf Lebenskraft und Lebensfreude: »Ich bringe im Job keine Leistung! Meine Ehe funktioniert nicht! Ich bin zu dick!« Eine erleichternde Wirkung tritt durch das wiederholte Denken und Erzählen nie ein. Also können Sie das Jammern gleich lassen. Verzichten Sie bewusst auf das Erzählen negativer Erlebnisse.

Erfüllen Sie den heutigen Tag mit positiver Energie, indem Sie positive Botschaften aussenden, an Freunde und die Familie, Arbeitskollegen, die Verkäuferin, die Bäckersfrau oder an Fremde. Mit einem Lächeln, mit einer netten Bemerkung, einem unerwarteten Kompliment …

Sie werden erkennen, wie positiv sich dies auf Ihre Grundstimmung auswirkt, insbesondere je häufiger Sie eine positive Resonanz auf Ihr Verhalten bekommen. Dies ist das eine Geheimnis der *Magic Moments,* einer Grundübung dieses aktiven Lebensprogramms, die Sie noch kennen lernen werden.

Menschen glauben heute oft, dass Wachstum durch Schmerz und Kampf erfolgt. Es herrscht auch die Ansicht, die äußere Welt sei bedeutsamer als die innere. Eine weitere begrenzende Anschauung besagt, dass Mangel herrsche und nicht genug für alle da sei.

Ich möchte Ihre Aufmerksamkeit auf die Wirkung solcher negativen Grundannahmen lenken: Diese sind die ständige Ursache für Macht- und Konkurrenzkämpfe, für Sorgen, Leid und Mangel.

Stellen Sie sich nun drei lebenswichtige Fragen:

- Sind Sie bereit, an die Fülle zu glauben?
- Erkennen Sie die Wirksamkeit der inneren Welt der Gedanken und Energien?
- Und glauben Sie, dass man auch durch Freude lernen kann?

Wenn Sie grundsätzlich glauben können, dass das Leben freundlich ist, dass es Ihnen immer zu Ihrem höchsten Wohl verhilft, können Sie ein Leben in Glück und Freude führen. Sie beginnen, Ihr Leben vom Negativen zum Positiven zu wandeln. Immer dann, wenn Sie sich etwas Negatives sagen oder sich ins Unrecht setzen, sinkt Ihr Energieniveau. Wird aber Ihre Energieschwingung niedriger, verändert sich auch Ihre Ausstrahlung, Ihre energetische Signatur, und Sie ziehen jene Menschen und Ereignisse an, die diesen Energieabfall noch verstärken.

Führen Sie also in den 21 Tagen positive Selbstgespräche, und reagieren Sie auf Menschen, die sich beklagen, mit einem deutlichen: »Halt!« Denn wenn Sie Menschen zuhören, die jammern und ihrer Negativität Aufmerksamkeit schenken, reduzieren Sie auch Ihre eigene Lebenskraft. Sie brauchen nicht hinzuhören, wenn diese erneut ihre traurigen Geschichten erzählen. Stellen Sie ihnen stattdessen die Frage, was sie eigentlich wollen, welches höhere Ziel sie sich setzen. Lenken Sie ihre Aufmerksamkeit auf das Positive. Auf diese Weise werden sich auch Ihre eigenen Energien positiv verändern.

Nehmen Sie sich während des 21-Tage-Programms vor, jedem, der Ihnen begegnet, aufmerksam zuzuhören. Achten Sie auf die Gespräche auf der Straße, im Bus, im Geschäft. Achten Sie auf das Fernsehen, die Zeitungen und Bücher, die Sie lesen: Werden positive Begriffe verwandt? Stärken Sie Ihre Energie? Oder nimmt sie eher ab, weil negative Bilder in Ihnen entstehen? Notieren Sie Ihre Wahrnehmungen im Tagebuch.

Es steht Ihnen frei, was Sie hören und lesen. Niemand zwingt Sie zu irgendetwas. Machen Sie von nun an jeden Tag Gebrauch von Ihrem freien Willen, und suchen Sie sich ein wohltuendes Umfeld und förderliche Menschen. Und erleben Sie, dass Ihre eigenen positiven Gedanken Sie auch positiv fühlen lassen. Sie müssen nicht automatisch auf Umstände reagieren.

Sie sollten sich nicht ärgern, nur wundern: Selbstverständlich sagen oder tun täglich Menschen etwas, was nicht in Ihre Sicht der Dinge passt. Darüber können Sie sich natürlich maßlos aufregen. Nicht immer können alle Ihre Erwartungen erfüllt werden, da andere Menschen ihre eigenen Maßstäbe haben. Sie können jedoch Ihre Haltung verändern: Lernen Sie, sich wohlwollend oder vielleicht auch kopfschüttelnd zu wundern, anstatt sich aufzuregen.

Machen Sie sich Ihre Macht über Ihre Emotionen bewusst. Stärken Sie den »positiven Muskel« Ihres Gehirns. Haben Sie für jeden negativen Gedanken mehrere positive bereit. Das ist nicht falsch verstandener Zweckoptimismus. Probleme und Herausforderungen sollen nicht ignoriert werden. Doch mit einer positiven Grundhaltung haben Sie die beste Chance, in der Kategorie »Lösungen und Möglichkeiten« zu denken und zu handeln.

Hören Sie sich einmal selber beim (inneren) Selbstgespräch zu: Wenn Sie einen Umstand als »Katastrophe« oder als »Riesenproblem« bezeichnen, blockieren Sie Lösungen. Wenn Sie eher dagegensteuern mit Begriffen wie »oh, ein kniffeliges Rätsel« oder »eine reizvolle Herausforderung«, dann schaffen Sie eine spielerische unterstützende Energie. Und Sie wissen ja: Das Leben meistert man spielerisch – oder überhaupt nicht!

Und mit der Methode des holistischen Lernens können Sie mit allen Sinnen Ihre geistigen und seelischen Fähigkeiten stärken. Wiederholen Sie folgende Affirmationen für einen positiven Tag in Gedanken immer wieder. Bereits die täglich fünfmalige Wiederholung eines Gedankens nährt und verankert diesen energetisch so weit im Bewusstsein, dass er über kurz oder lang zu dessen Bestandteil wird.

Wahrscheinlich wird etwas Interessantes passieren, wenn Sie diese Übung regelmäßig praktizieren: Nach dem Gesetz des energetischen Ausgleichs werden Sie das, was Sie gedanklich innen tragen auch von außen bekommen. Ihre neue positive gedankliche Ausrichtung wird anderen Menschen Sympathie und Wohlbefinden vermitteln, und Sie werden einen Rückfluss erleben entsprechend der Intensität und Qualität Ihrer neuen energetischen Signatur.

Bewegen Sie morgens die folgenden Ideen und Gedanken in Ihrem Inneren, indem Sie sie lesen, denken, fühlen und ganzheitlich wahrnehmen:

Ich freue mich auf diesen schönen Tag.
Ich bin dankbar für die Erfahrungen, die ich heute machen kann.
Ich fühle seelische Kraft und Energie, die mich heute begleiten.
Ich nehme mir Zeit, mich auf meine Aufgaben vorzubereiten.
Ich sehe heute die positiven Aspekte in jeder Situation.
Ich nutze jede konstruktive Chance, die sich mir bietet.
Ich werde heute zu den richtigen Menschen und Situationen geführt und tue genau das Richtige.
Ich freue mich auf diesen Tag und begrüße ihn.
Ich lebe heute in Freude und Harmonie.

Schreiben Sie die Sätze ab, oder kopieren Sie sich die Seite mit den positiven Tagesaffirmationen, und hängen Sie sie gut sichtbar in Ihrer Wohnung – vielleicht gleich neben dem Bett – auf.

Stimmen Sie sich am Morgen zusätzlich mit der im Anhang beschriebenen akustischen holistischen Lernmethode auf den Tag ein: Noch ehe Sie ganz wach sind, »füttern« Sie schon Ihr Unterbewusstsein mit den stärkenden Sätzen für einen erfolgreichen Tag.

Sie werden eine neue Energie wahrnehmen und bauen einen

»mentalen Schutzschild« gegen die Negativität Ihrer Umgebung auf.

Auch die folgende Vorbereitung auf einen Tag können Sie einmal ausprobieren. Stellen Sie sich bildlich vor:

- Was kommt heute auf mich zu?
- Wem werde ich begegnen?
- In welche Situationen könnte ich kommen?
- Wie sollte ich mich dann verhalten?
- Kann ich etwas tun, um anderen Menschen etwas Gutes zu schenken?
- Wie kann ich anderen mehr Anerkennung und Wertschätzung geben?

Schreiben Sie Ihre entsprechenden Erfahrungen in Ihr Tagebuch. Damit wertschätzen Sie das, was Sie empfangen und werden in Zukunft noch mehr Gutes in Ihr Leben ziehen.

Am Abend vor dem Einschlafen können Sie Psychohygiene betreiben. Das ist ungefähr so, wie wenn Sie sich die Hände waschen. Das heißt, Sie nehmen den Tag mit seinen einzelnen Ereignissen noch einmal ins Bewusstsein und freuen sich über das, was Sie gut gemacht haben, und korrigieren das, was nicht optimal war, in der bildhaften Vorstellung. Sie erleben es noch einmal so, wie es eigentlich hätte sein sollen. Anstatt sich zum Beispiel vor dem Einschlafen ängstlich zu fragen »Wird diese Situation andauern, wird es gut gehen?«, fragen Sie sich lieber: »Was kann ich Positives beitragen? Wie kann ich meine Wertschätzung ausdrücken? Was könnte eine Lösung im Sinne aller Beteiligten sein?«

So können Sie sich sanft auf den nächtlichen Schlaf vorbereiten. Sie werden Ihre inneren Kräfte wahrnehmen und diese Kräfte für eine bewusste positive Lebensgestaltung nutzen. Die folgende Übung sorgt dafür, dass sich in der Nacht Ihre Gedanken und Gefühle klären und Sie bereit sind für Antworten auf Fragen und Lösungen für Probleme, zu denen Sie im Wachzustand keinen Zugang finden konnten. Das Tor zu den Quellen Ihrer inneren Kraft und Weisheit soll sich weiter und weiter öffnen und Ihnen helfen, den nächsten Tag konstruktiv und erfolgreich zu gestalten.

Bewegen Sie am Abend, vor allem, wenn Sie sich entspannen möchten, die folgenden Ideen und Gedanken in Ihrem Inneren, indem Sie sie lesen, denken, fühlen und ganzheitlich wahrnehmen:

Ich bin auf dem Weg zu tiefem inneren Frieden.
Ich finde jetzt zu innerer Harmonie und Gelassenheit.
Ich besinne mich auf das Wesentliche, auf das Beste in meinem Leben.
Ich bin Ruhe und Gelassenheit.
Ich ruhe in meiner Mitte und bin ganz gelassen.
Ich strahle Ruhe und Gelassenheit auf meine Umwelt aus.
Ich folge meiner inneren Stimme, meiner Intuition.
Ich nehme mir Zeit für mich selbst.
Ich freue mich heute Nacht auf einen gesunden und tiefen Schlaf.

Mein Schlaf ist ruhig und tief.
Mein Schlaf lädt mich mit Ruhe und Kraft auf.

Mit diesen Sätzen schlafen Sie ein im Vertrauen, dass sich Ihr Unterbewusstsein in der Nacht positiv mit den Themen des Tages beschäftigen und die richtigen Lösungen finden wird.

Jeder Augenblick, in dem Sie sich auf etwas konzentrieren, das nicht funktioniert, an jemanden denken, der Sie nicht mag, je mehr Sie sich also auf das konzentrieren, was Sie unzufrieden macht, umso mehr Unzufriedenheit werden Sie in Ihrem Leben hervorbringen. Diese Unzufriedenheit wird sich dann sogar noch auf die Bereiche ausdehnen, die ursprünglich noch völlig in Ordnung waren.

Richten Sie also in den 21 Tagen Ihre Gedanken immer wieder auf die Dinge, die zufriedenstellend funktionieren, dadurch werden auch andere Bereiche in Ordnung gebracht. Unterstützen Sie diese positive Entwicklung durch Affirmationen am Morgen und am Abend. Und seien Sie dankbar für das, was Sie am Tag empfangen. Je mehr Sie zu schätzen wissen, wieviel Sie bereits empfangen haben, umso mehr wird Ihnen zufließen.

Ich denke bewusst

Lesen Sie diese Meditation langsam und laut immer wieder, um sich zu erinnern:

Ich erkenne mich als Bewusstsein. Ich bin der, der die Gedanken denkt, der bewusste Denker, und ich bin auch der, der seine Gedanken beobachten kann.

Ich beobachte jetzt einmal meine Gedanken, achte einfach darauf, welche Gedanken in mir sind, was mir einfällt, welche Bilder und Gefühle meine Gedanken begleiten, lasse diese Gedanken einfach zu, lasse sie frei, beobachte nur, welche Gedanken in mir sind, lasse sie kommen und wieder gehen.

Ich, Bewusstsein, kann auch einen Gedanken herausgreifen und festhalten. Jetzt greife ich einen Gedanken heraus, halte ihn fest, schaue ihn genauer an. Woher kommt er? Warum denke ich diesen Gedanken? Was will er mir sagen? Wozu fordert er mich auf?

Ich, Bewusstsein, gehe bewusst mit diesem Gedanken um: Wenn er mir gefällt, gehe ich noch tiefer in ihn hinein, schmücke ihn aus, male ihn aus, denke ihn weiter. Wenn er mir nicht gefällt, dann ändere ich ihn jetzt. Wie möchte ich denn, dass es wirklich ist? Wie möchte ich darüber denken? Wie ändere ich diesen Gedanken, bis er mir gefällt?

Jetzt betrachte ich den von mir neu geschaffenen Gedanken, freue mich darüber und denke ihn weiter. Jetzt lasse ich auch diesen Gedanken weder los, lasse ihn frei. Ich lasse einen anderen Gedanken in mir auftauchen. Nehme einfach den nächsten Gedanken, der kommt und schaue auch ihn an, mache mir bewusst: Will ich, dass dieser Gedanke sich in meinem Leben verwirklicht? Will ich wirklich, dass ich diesen Gedanken erlebe?

Ich ändere jetzt diesen Gedanken so, dass ich mich freuen kann, dass er in mein Leben kommt. Wenn er mir gefällt, bejahe ich ihn jetzt aus tiefstem Herzen und mache mir dabei bewusst, dass alles, was ich denke, ein Teil meines Lebens wird, dass es als Schicksal zu mir zurückkommt, sich als meine Wirklichkeit verwirklichen muss.

So prüfe ich jetzt ganz bewusst, was ich denke, betrachte jeden Gedanken ganz bewusst und ändere ihn so, dass ich ihn bejahen kann, dass ich ihn gerne in meinem Leben erleben möchte. Es ist mir jetzt bewusst, dass ich schon immer das erlebt habe, was ich gedacht habe. Meine Gedanken schaffen meine Umstände, mein Leben, meine Wirklichkeit, mein Schicksal. Ich beschließe von jetzt an, *bewusst* mein Leben zu gestalten, *bewusst* zu denken, *bewusst* ich selbst zu sein.

Magic Moments – Wort-Tat-Geschenke

In den Augen der Welt gelten manche Dinge sehr viel: zum Beispiel ein eigenes Haus, zwei Autos und ein gefülltes Bankkonto. Doch in den Augen des Geistes fallen sie oft nicht besonders ins Gewicht – nicht weil daran etwas auszusetzen wäre, sondern weil das nur weltliche Dinge sind, die bald wieder zu Staub und Asche zerfallen.

Doch es gibt die kleinen Dinge, die in den Augen des Geistes sehr viel zählen, einfache Handlungen, aus denen Wohlwollen, Rücksichtnahme, Liebe und Güte sprechen. Der Welt fallen diese Gesten der Liebe vielleicht (noch) nicht auf, doch wenn wir eines Tages auf unser Leben zurückblicken, dann strahlen sie hell wie ein Leuchtfeuer. Diese kleinen Gesten lassen sich am besten an ein paar Beispielen veranschaulichen:

Vor ein paar Jahren aß ich mit meiner Familie im Restaurant unseres Seminarhotels. An diesem Tag bediente eine neue Kellnerin, die sehr viel zu tun hatte. Wir erfuhren, dass heute erst ihr zweiter Tag war, einer der Köche war krank, das Restaurant war voll und sie war mit den Nerven am Ende. Wir gaben unsere Bestellung auf, und sie brachte das falsche Gericht. Sie entschuldigte sich, strich sich das Haar aus der Stirn und hastete mit dem Teller in die Küche zurück. Sie war nicht sehr charmant oder besonders liebenswürdig, aber es war zu sehen, dass sie ihr Bestes gab.

Nach dem Essen ließ ich ein sehr großzügiges Trinkgeld auf dem Tisch liegen und einen Zettel, auf den ich geschrieben hatte: »Sie hatten es heute Abend nicht leicht, aber wir haben gemerkt, dass Sie sich wirklich Mühe und Ihr Bestes gegeben haben. Wir möchten Ihnen sagen, dass wir das zu schätzen wissen.«

Wer je irgendwo bedient hat, der weiß, was ein solcher Brief an einem hektischen Abend bedeuten kann. Mittlerweile lasse ich oft Zettel mit anerkennenden Worten auf dem Tisch liegen. Ich habe auch festgestellt, dass man mit solchen kleinen Nachrichten Briefträgern und anderen Leuten, deren Arbeit häufig nicht gebührend gewürdigt wird, eine Freude machen kann.

Ganz bewusst warte ich nicht, ob die betreffende Person die Nachricht findet. Ich sage Ihnen weiter unten auch noch, warum dies so wichtig ist.

Dan Millman erzählt in einem seiner Bücher, dass er gern die Brückenmaut der Golden Gate Bridge oder einer anderen gebührenpflichtigen Brücke für den Fremden im Auto hinter ihm mitbezahlt. Er bleibt dabei anonym, tut aber etwas, das Fremde verbindet. Er verschafft sich und anderen *Magic Moments.*

Ich möchte daraus eine Übung für Sie machen. Je tiefer ich die Idee der *Magic Moments* auf mich wirken ließ, umso mehr Aspekte fand ich dabei. Ich halte daher die daraus abgeleitete

Übung für eines der wirkungsvollsten Instrumente positiver Transformation im Leben. Selbst wenn Sie nur diese Übung im richtigen Geist praktizieren, können Sie Ihr Leben von Grund auf verwandeln. Seien Sie auf Wunder gefasst!

Ganz wichtig bei dieser Übung ist, dass wir der anderen Person das kleine Geschenk nicht selbst überreichen, sondern anonym bleiben, also keine Bedingungen daran knüpfen und keine Anerkennung dafür erwarten. Wenn wir unser Geld selbstlos mit anderen teilen, dann schenken wir ihnen etwas von unserer Energie, unserer Zeit, unserer Mühe, unserer Liebe und unserem Leben.

Es spielt keine Rolle, wie viel es ist. Es geht um die Geste. Und es geht darum, dass wir eine Welle der Positivität in Bewegung setzen, die sich naturgemäß fortpflanzen muss. Denn wenn der Empfangende sich nicht bedanken kann, dann wird er das Bedürfnis haben, einem anderen Fremden auch einen magischen Moment zu bereiten. Die Welle der Positivität hat die natürliche Tendenz, sich fortzupflanzen.

Außerdem vermitteln wir unserem Unterbewusstsein, dass wir wohlhabend genug sind, um andere, sogar fremde Menschen, zu beschenken. Dies verschafft uns ein Gefühl des Überflusses. Wir tun dann tatsächlich etwas, anstatt nur zu reden.

Wir erleben das Gesetz »Wie es in den Wald hineinruft, so schallt es heraus«. Wenn wir geben, um etwas zu bekommen, lässt uns das, was zurückkommt, häufig unbefriedigt zurück. Geben wir aber, weil wir nichts weiter als geben wollen, wird sofort etwas lebendig – Freude, aber auch Verbundenheit, Sinn, Wertschätzung. Das Echo entspricht immer dem Ruf, ob es von außen oder von innen kommt.

Dieser Punkt wird nirgendwo deutlicher als in unseren Beziehungen. Wenn wir anderen magische Momente verschaffen, dann können wir das Geheimnis der Freude erleben. Denn das Geheimnis der Freude ist, dass wir sie nur dann fühlen können, wenn wir sie auch ausdrücken, wenn wir sie herauslassen. Und wir lassen sie dann heraus, wenn wir sie andere fühlen lassen.

Setzen Sie die Freude frei, die in einem anderen ist, und Sie setzen die Freude frei, die in Ihnen ist. Die *Magic Moments* sind eine konkrete Übung, um andere Menschen in wundervoller Weise freudig zu überraschen.

Aber magische Momente können sich auch in so vielem anderen ausdrücken. Freude kann mit so etwas Einfachem wie einem Lächeln ausgelöst werden. Oder mit einem Kompliment. Oder einem liebevollen Blick. Mit diesem und vielen anderen Mitteln können Sie die Freude in anderen freisetzen.

Mit einem Lied, einem Tanz, einem Bild, einem Gedicht. Mit einer Berührung, einer Begegnung oder dem Zusammenführen von Seelen. Mit den Mitteln einer Empfindung, dem Sprechen der Wahrheit, dem Beenden von Wut, dem Vergeben. Mit der Bereitschaft zuzuhören und der Bereitschaft etwas anzusprechen. Mit der Entscheidung, jemanden freizugeben. Mit der Initiative zu geben oder etwas zu empfangen. Es gibt tausend Möglichkeiten, die Freude in anderen freizusetzen. Und in dem Augenblick, wo Sie sich dafür entscheiden, werden Sie auch wissen, wie.

Und ein weiterer ganz wichtiger Aspekt der *Magic Moments* ist, dass Sie damit etwas für das Ganze tun, denn Sie sind ein Teil des Ganzen. Wir sind alle eins.

Wir können uns nicht so gut vorstellen, dass irgendein fremder Mensch mit uns eins sein soll. Vielleicht wird es leichter, wenn Sie sich darüber klar werden, dass zweihundert Billionen Zellen Ihren Körper bilden. Da mögen auch Zellen sein, die sagen: »Was habe ich mit der Leberzelle zu tun? Interessiert mich doch nicht!« Wir wissen, was passiert, wenn in irgendeinem Organ irgendeine Zelle sagt: »Die Nachbarzelle ist krank, sie stirbt sicher bald. Was interessiert mich das?« Das Sterben einer Zelle wirkt sich auf den ganzen Organismus aus. Und so bilden alle Zellen unseren Körper und wir alle zusammen ein Ganzes. Wir sind in verschiedenen Körpern, aber wir sind *ein* Bewusstsein. Und so verwirklichen Sie Ihr wahres Selbst, wenn Sie für Ihre Mitmenschen und für Ihre Nächsten etwas Gutes tun.

Magic Moments

Die Übung *Magic Moments* ist vielseitig und kann wirklich fast überall im Alltag angewendet werden. Nehmen Sie die *Magic-Moments-Karten* aus dem Buch heraus, und stecken Sie sie griffbereit in Ihr Portemonnaie oder in Ihre Handtasche. Geben Sie dem jeweiligen Ansprechpartner eine solche Karte – und verschaffen Sie damit Ihrem Nächsten einen magischen Moment. Ihrer Kreativität sind keine Grenzen gesetzt:

- Im Café zahlen Sie einen Kaffee für den »Nächsten«, übergeben Sie der Bedienung eine der *Magic-Moments*-Karten, die diese dem »Nächsten« weitergibt.
- Im Zoo kaufen Sie eine Eintrittskarte für ein Kind, das nach Ihnen kommt.

- Im Restaurant bezahlen Sie beim Gehen ein Getränk für jemanden am Nachbartisch.
- An der Kinokasse kaufen Sie für den Menschen hinter Ihnen in der Schlange eine Karte mit.
- Oder an der Museumskasse eine Eintrittskarte für den Nächsten.
- Oder Sie spendieren beim nächsten Ausflug einem Kind eine Fahrt mit dem Sessellift oder mit der Bergbahn.
- Oder Sie verschenken einfach Ihre Tageszeitung.

... und lächeln Sie dabei, genießen Sie Ihr Leben – schenken Sie Freude, und freuen Sie sich selbst! Vielleicht wollen Sie dabei so etwas denken wie:

Ich fühle mich durch das Leben und seine wunderbaren Geschenke aufgerichtet und angehoben. Mit jedem Tag spüre ich mehr und mehr Auftrieb. Jeden Tag empfange und gebe ich noch mehr Geschenke als zuvor. Mein ganzes Leben ist ein einziges Geschenk, das ich anderen zukommen lasse. Ein Geschenk der Liebe und Freude und Güte und Freundlichkeit. Ein Geschenk des Friedens und der Hoffnung und des guten Willens gegenüber jedermann.

Ich lade Sie ein, mit dieser Übung das Leben auf ganz neue Art und Weise zu betrachten, als einen fortwährenden positiven Veränderungsprozess. Alles verändert sich unentwegt. Das schließt auch Sie mit ein. Sie sind sowohl der Verändernde als auch der, der verändert wird.

Was machen Sie eigentlich, wenn Sie anderen magische Momente verschaffen? Sie sind absichtsvoll und bewusst, harmonisch und förderlich. Insbesondere, weil Sie die Entscheidung treffen, dass Ihr Leben anderen zugutekommt. Sie werden für andere zur Quelle dessen, was Sie gerne selbst erfahren und erleben möchten. Sie möchten mehr Glück und Freude erleben? Geben Sie es anderen, und Sie werden es selbst erfahren!

Aber es gibt auch eine Falle. Wenn Sie etwas tun, um ein bestimmtes Ergebnis herbeizuführen, werden Sie dieses Ergebnis nicht erleben, und Sie können das Ganze eigentlich von Anfang an sein lassen. Sie provozieren nämlich die Erfahrung, dass Sie »nicht genug« haben und »mehr möchten«.

Wenn Sie allerdings etwas tun, um damit zu zeigen, dass das Ergebnis schon bewirkt wurde, dann geben Sie nicht, um Freude in sich zu erzeugen, sondern weil Sie wissen, dass Freude schon erzeugt worden ist. Schon in der Bibel heißt es: »Alles, um was ihr betet, glaubt nur, dass ihr es empfangen habt, und es wird euch zuteil werden.« Wollen trennt Sie vom Gewollten. Sie müssen erst haben und sein, dann können Sie bekommen und werden. Haben und Sein macht Sie magnetisch für das Gewollte und lässt es »in Erscheinung treten«.

Leisten Sie also keinen Widerstand mehr – werden Sie selbst zur Quelle der Freude und des Guten in Ihrem Leben!

Kapitel 2
Erfolg und Wohlstand

Gleich am Anfang dieses Kapitels möchte ich Ihnen gratulieren, dass Sie eine Voraussetzung für den Erfolg schon mitbringen: Mit dem Kauf dieses Buches wissen Sie offensichtlich, wofür es sich lohnt, sein Geld, seine Zeit und sich selbst einzusetzen. Nämlich für die beste Investition, die es gibt: die Investition in sich selbst. Der Erfolg gehorcht einfachen Gesetzen. Sobald Sie diese kennen und befolgen, ist er unvermeidlich.

Überfluss ist ein natürliches Gesetz des Universums. Wohin Sie schauen, ist die Natur geradezu verschwenderisch großzügig. Und doch ist ebenso offensichtlich, dass es vielen Menschen nicht gelingt, an dieser Fülle teilzuhaben, weil sie nicht wissen, dass sie selbst die Ursache für Erfolg und Misserfolg in sich tragen. Jeder bekommt vom Leben das, was er verursacht. Jeder gestaltet seine Verhältnisse selbst durch sein Verhalten. Es gibt daher weder unverdientes Glück, noch unverdientes Leid, sondern nur Ursache und Wirkung. Der einzige Mensch, der Sie erfolgreich und glücklich machen kann, sind Sie selbst.

Allerdings sind Sie auch der einzige, der Sie unglücklich machen kann.

Die meisten Menschen können ihre Wünsche nicht verwirklichen, weil sie ihr Denken nicht beherrschen, weil sie nicht Meister ihrer Gedanken sind. Sie denken hin und her und zerstreuen so das wunderbare Potenzial ihrer schöpferischen Urkraft, anstatt sie konzentriert auf ein Ziel zu lenken und dadurch zu erreichen, was immer sie wollen.

Ich habe beruflich viel mit Menschen zu tun und bin immer wieder erstaunt, wie wenige ihr Leben bewusst gestalten. Die meisten wissen nicht einmal, was sie wollen und die wenigen, die es wissen, sehen kaum Möglichkeiten, ihre Wünsche zu realisieren. Ich möchte Ihnen zeigen, wie Sie Schritt für Schritt Ihre Probleme lösen, Ihre Wünsche erfüllen und Ihre Ziele sicher erreichen.

Sie alle kennen sicher die Geschichte vom »Geist in der Flasche«. Auch wir haben den Geist, die schöpferische Urkraft, eingesperrt in die Flasche unserer begrenzten Vorstellung. Die schöpferische Urkraft an sich aber ist grenzenlos und kann alles verwirklichen, was Sie denken und glauben können. Sie sollten Ihrer Fantasie freien Lauf lassen, wieder träumen lernen und dem Leben gestatten, hervorzubringen, was immer Sie wollen. Glück ist nichts anderes als das Zusammentreffen von guter Vorbereitung und günstiger Gelegenheit. Der kürzeste Weg zum Erfolg ist, sich die Erfahrungen und Erkenntnisse erfolgreicher und weiser Menschen anzueignen und sie in das eigene Leben individuell und maßgerecht einzubauen. Es ist nicht entscheidend, unter welchen Umständen Sie leben, sondern wie Sie damit umgehen und was Sie daraus machen.

So wie die Natur in jeder Hinsicht verschwenderisch ist, haben auch Sie ein natürliches Recht auf Reichtum. Dazu brauchen Sie nur Ihre natürliche Geistesstärke zu aktivieren. Die Physik lehrt uns: Von nichts kommt nichts. Sie aber können aus dem Nichts einen Gedanken erschaffen, der vorher nicht da war und der nicht eher ruht, bis er das erschaffen hat, was er beinhaltet. Der Gedanke ist eine unsichtbare und unfühlbare, aber hochwirksame Kraft, die aus dem unbegrenzten Bereich der Möglichkeiten Dinge in Erscheinung treten lässt.

Die Kraft, die Sie arm hält, ist die gleiche, die Sie reich machen kann. Dieser latente Reichtum ist Ihr geistiges Erbe und wartet darauf, dass Sie ihn in Erscheinung treten lassen. Sie wurden geboren, um in der Fülle zu leben, so wie es Ihrer Natur entspricht. Wenn Sie die Gesetzmäßigkeiten des Erfolgs kennen und diese Schritt für Schritt anwenden, werden Erfolg und Reichtum unvermeidbar.

Sie sind geboren, um das Spiel des Lebens zu genießen. Aber genießen Sie es wirklich? Alle erfolgreichen Menschen hatten, bei allen Unterschieden, eines gemeinsam: Sie hatten Freude an dem, was sie taten. Deshalb wurden sie zu einem erfolgreichen Ausdruck ihres Lebens und hatten außerdem noch viel Spaß dabei. Wahrer Erfolg und wahre Freude sind nicht voneinander zu trennen, denn erst miteinander münden sie in einem erfüllten Leben.

Zudem ist jeder Augenblick einmalig. Noch nie hat es diesen Augenblick gegeben und in alle Ewigkeit wird es diesen Augenblick nicht noch einmal geben. Das ganze Leben ist eine ewige Premiere!

Ich hatte viele Jahre den folgenden Spruch über meinem Schreibtisch hängen:

Die Hummel
Die Hummel hat 0,7 qcm Flügelfläche
bei 1,2 Gramm Gewicht.
Nach den bekannten Gesetzen der Aerodynamik
ist es unmöglich, bei diesem Verhältnis zu fliegen.
Die Hummel weiß das aber nicht
und fliegt einfach!

Lassen Sie sich nicht mehr von anderen einreden, dass dieses oder jenes nicht machbar sei. Tun Sie es, und beweisen Sie sich und den anderen, dass es eben doch geht – man muss es nur tun! Sie werden diesen Weg kein zweites Mal gehen können. Gehen Sie ihn als Gewinner!

Lieben Sie den Erfolg!

Erstaunlich viele Menschen haben zum Erfolg eine eher negative Einstellung, verbinden Erfolg mit Begriffen wie Rücksichtslosigkeit und Geldgier und machen sich nicht bewusst, dass jemand, der Erfolg innerlich ablehnt, kaum Erfolg haben kann. Es lohnt sich sehr, wenn Sie prüfen, wie Ihre Einstellung zum Erfolg ist.

Welche Assoziationen haben Sie, wenn Sie an Erfolg denken? Gibt es dabei negative Gefühle oder Gedankenketten? Diese sollten Sie entfernen, denn das ganze Leben ist auf Erfolg aufgebaut.

Wir alle brauchen Erfolg. Niemand tut etwas in der Absicht

zu scheitern. Ganz gleich, was Sie beginnen, Sie tun es in der Absicht, erfolgreich zu sein. Das heißt also, wenn Sie eine negative Einstellung zum Erfolg haben, dann verhindern Sie damit erfolgreich Ihren Erfolg. Das können Sie gleich jetzt ändern – wie überhaupt alles, was Ihnen entspricht, im gleichen Moment vollzogen werden sollte. Also nicht nur lesen und bemerken, sondern sofort prüfen: Wie ist das bei mir?

Und wenn es nicht stimmig ist, sollten Sie es ändern.

Fangen Sie an, den Erfolg zu lieben und zu leben. Erfolg ist nämlich etwas Wunderbares. Die meisten aber wünschen sich *mehr* Erfolg, sind sich nicht bewusst, dass es mehr Erfolg, als sie derzeit haben, gar nicht geben kann. Das ist das zweite Geheimnis des Erfolgs. Kaum einer weiß: Jeder ist in jedem einzelnen Fall immer erfolgreich. Es gibt keine Ausnahme. Denn sobald Sie etwas unternehmen, ganz gleich, was Sie tun, es erfolgt etwas, und es erfolgt immer genau das, was dieser Ursache entspricht. Das ist nicht immer das, was Sie beabsichtigt haben. Wir nennen also etwas Misserfolg, wenn die Ursache, die ins Leben gerufen wurde, nicht mit der Absicht übereinstimmt, also mit dem, was eigentlich erreicht werden sollte.

Wenn Sie das erkennen, brauchen Sie also nur Ihre Absicht und die Ursache, die Sie ins Leben setzen, miteinander in Einklang zu bringen, und schon haben Sie den gewünschten Erfolg. Noch nie hatte jemand einen Misserfolg, denn es kann immer nur das erfolgen, was er verursacht hat. Sorgen Sie dafür, dass das, was Sie verursachen, mit dem übereinstimmt, was Sie beabsichtigen.

Viele Menschen wünschen sich Erfolg, hoffen Erfolg zu haben – und verursachen damit genau das Gegenteil! Denn wenn ich mir Erfolg wünsche, wenn ich hoffe, mehr Erfolg zu haben, dann stelle ich damit eigentlich fest, dass ich derzeit in einer Sache eben keinen Erfolg habe; und das ist das, was ich damit verursache. Auf diesen Mechanismus fallen wir im Grunde alle herein. Wir hätten gerne *mehr* Erfolg und trennen uns damit gleichzeitig vom Erfolg. Denn wenn ich etwas »gerne hätte«, sage ich eigentlich: »Ich habe es nicht.« Wenn ich also Erfolg haben will, muss ich ihn erst in Besitz nehmen.

Die Hauptursache für Erfolg ist die eigene Überzeugung. Das, was Sie Realität nennen, folgt nämlich konsequent Ihrer Überzeugung. Diese aber können Sie ändern und damit den Erfolg unvermeidbar machen.

Also prüfen Sie: Sind Sie überzeugt, in nächster Zeit Erfolg zu haben oder in einer bestimmten Sache erfolgreich zu sein, ganz gleich auf welchem Gebiet? Erfolg dreht sich nicht immer nur um Geld, um Macht, Einfluss und Anerkennung. Es geht auch um erfüllende Partnerschaft oder geistige Entwicklung.

Ganz gleich, ob Sie davon überzeugt sind, dass etwas klappt oder nicht klappt: Sie werden in beiden Fällen Recht behalten, denn Ihre Überzeugung ist eine Ursache.

In der Fantasie gewinnen

Prüfen Sie einen Bereich in Ihrem Leben, in dem Sie gerne Erfolg hätten. Verursachen Sie ihn jetzt, indem Sie sich vorstellen, in dem Bereich erfolgreich zu sein.

Das ist der erste Schritt und das Werkzeug ist Ihre Imagination. Damit schaffen Sie gewissermaßen eine Form für den Erfolg. Sie können alles verwirklichen, was Sie denken und glauben können. Aber wenn Sie schon am ersten Schritt scheitern und es nicht einmal *denken* können, also es sich nicht vorstellen können, kann es nicht geschehen. Denn mit der Vorstellung schaffen Sie das Gefäß, die äußere Form für den Erfolg. Wenn Sie es sich nicht vorstellen können, kann es nicht geschehen. Da brauchen Sie gar nicht erst im Außen aktiv zu werden. Wenn Sie also Erfolg haben möchten, dann sollten Sie damit beginnen, Erfolg zu verursachen. Gewöhnen Sie sich an, in der Fantasie zu gewinnen, dann gewinnen Sie auch im äußeren, materiellen Leben. In der Vorstellung können Sie Ihren Erfolg so lange ändern, bis er genau mit Ihrer Absicht übereinstimmt. Bis Sie sagen: »Das genau ist es, was ich will. Jetzt stimmt es.«

Dann kommt ein weiterer wichtiger Schritt. Es kommt darauf an, dass Sie sich mit dieser Vorstellung innerlich verbinden. Das heißt konkret, dass Sie in die vorgestellte Situation hineingehen, dass Sie sich die Situation nicht nur als Zuschauer vorstellen, ohne etwas damit zu tun zu haben, sondern dass Sie sich in der vorgestellten Situation erleben. Sie erleben sich im Erfolg. Damit nehmen Sie nämlich diese Ursache in Besitz, und es wird Ihr Erfolg.

Machen Sie sich einmal die Weisheit der Sprache bewusst: Was bedeutet Erfolg? Es bedeutet, dass Erfolg er-folgt. Das heißt nicht er-kämpfen oder er-rennen oder er-zwingen oder er-beten oder er-meditieren oder er-hoffen, er-wünschen, es heißt er-folgen. Wenn aber Erfolg er-folgen soll, dann muss er ja auf etwas hin erfolgen, also auf etwas, was ihm vorausgegangen ist, nämlich eine Ursache. Und die Ursache ist immer geistiger Natur.

Der erste Teil, das Fundament, ist also Ihre Vorstellung des Erfolgs. So können Sie jetzt beginnen, erfolgreich zu sein und zwar in jeder einzelnen Situation.

Erfolgreiches Selbstmanagement

Möglichst früh im Leben sollten Sie sich fragen, ob Sie auf dem richtigen Weg sind und ob der eingeschlagene Weg zu Ihrem Lebensziel führt. Denn viele Menschen verfolgen hartnäckig ihren Weg, der aber manchmal ganz woanders hinführt, als dorthin, wohin sie wollten.

Auch wenn Sie Ihre Karriere planen, wenn Sie die Karriereleiter emporsteigen wollen, vergewissern Sie sich vorher, dass sie nicht an der falschen Mauer lehnt, sonst sind Sie oben und stellen fest, dass Sie da gar nicht hinwollten.

Fragen Sie sich in einer ruhigen Minute ernsthaft:

- Wohin führt der von mir eingeschlagene Weg?
- Will ich überhaupt dorthin, wo ich hingehe?

Falls Sie da Unstimmigkeiten feststellen, überlegen Sie, wie Sie Weg und Ziel wieder in Einklang bringen können.

Ich hatte Gelegenheit, in meiner langjährigen Tätigkeit als Unternehmensberater tausende zu befragen und ihren Lebensweg zu durchleuchten, und ich musste immer wieder feststellen: »Ja, aber dieser Weg führt doch gar nicht zu dem von Ihnen erklärten Ziel! Eins von beiden müssen Sie ändern. Wenn Sie diesen Weg verfolgen, sollten Sie Ihr Ziel loslassen, wenn Sie jenes Ziel erreichen wollen, müssen Sie sich auf einen anderen Weg begeben.«

Ihre derzeitige Situation kann noch so verfahren sein, noch so aussichtslos, Ihre Umstände können sogar katastrophal sein, das spielt überhaupt keine Rolle. In jedem Augenblick können Sie Ihre Situation ändern. Wenn Sie also bisher auf einem falschen Weg waren, dann genügt oft ein Schritt, und Sie sind auf dem richtigen. Indem Sie jetzt die Ursache setzen für einen erwünschten Zielzustand, beenden Sie die bisherige Situation. Alles Geschehene gehört der Vergangenheit an, und darauf haben wir keinen Einfluss. Was Sie bisher gemacht haben, kann gut oder weniger gut gewesen sein: Es ist unwichtig, es ist vergangen. Lassen Sie es los. Schleppen Sie nicht Ihre Vergangenheit mit sich herum. Legen Sie den Rucksack der Vergangenheit ab. Die Vergangenheit ist vergangen und kommt nie wieder. Also warum interessiert Sie die Vergangenheit noch?

Stellen Sie sich vor, Ihr Leben ist wie ein Tagebuch: Sie haben einen Teil der Seiten schon vollgeschrieben und vor Ihnen liegt das nächste Blatt – es ist leer. Was Sie schon in Ihr Lebensbuch eingetragen haben, können Sie nicht mehr ändern. Das steht für alle Zeiten fest. Aber was in diesem Augenblick – jetzt – eingetragen wird, indem Sie es verursachen, das liegt in Ihrer Hand. Und Sie können das wählen, was Sie wollen. Sie können eintragen, was Sie wollen.

Das Unternehmen, sich selbst erfolgreich zu managen, ist die faszinierendste Aufgabe im Leben überhaupt. Das Leben ist in Wirklichkeit ein faszinierendes Spiel, zu dem die meisten aber die Regeln nicht kennen. Sobald wir uns wieder erinnern und uns diese Regeln bewusst machen und sie beachten, fällt uns in den Schoß, worum wir uns vorher immer wieder vergeblich bemüht hatten.

Es hat schon eine Menge guter Dinge gegeben, bevor Sie hier auf dieser Welt waren, und es wird noch eine Menge guter Dinge geben, nachdem Sie gegangen sind. Worauf es ankommt, ist, dafür zu sorgen, dass Sie in diesem Leben bekommen, was immer Sie wollen, solange Sie hier sind.

Die wichtigsten Grundeinstellungen für ein erfolgreiches Leben

Dieses Buch ist eine Einladung zum faszinierenden Abenteuer eines erfolgreichen Lebens, das auf Sie wartet. Allerdings haben Sie auf dem Weg zum Erfolg einen hartnäckigen Gegner zu besiegen: sich selbst – genaugenommen Ihre Gewohnheiten. Aber auch Ihren Mangel an Information über sich selbst. Nur wenige wissen von den unbegrenzten Möglichkeiten des menschlichen Geistes, den Kräften und Fähigkeiten, die in uns schlummern. Ich möchte Ihnen zeigen, dass Sie über ein fantastisches Vermögen verfügen: Es sind die unbegrenzten Möglichkeiten des bewussten schöpferischen Denkens. Sie können vom Leben alles haben, was Sie möchten, Sie müssen es nur wagen.

Was würden Sie sagen, wenn Ihnen jemand einen Zauberstab gäbe, mit dessen Hilfe Sie alle unerwünschten Ereignisse Ihres Lebens jederzeit sofort ändern könnten? Sie würden ungläubig den Kopf schütteln? Aber Sie haben diesen Zauberstab bereits. Es ist die Imagination und das schöpferische Denken.

Als ich 17 war, faszinierten mich die Erfolgreichen dieser Welt, und ich bemühte mich, das Geheimnis ihres Erfolgs zu ergründen. Meine erste verblüffende Entdeckung war, dass die Erfolgreichen keineswegs weniger Misserfolge haben als die weniger Erfolgreichen – eher war das Gegenteil der Fall.

Aber der wichtigste Unterschied bestand darin, dass sie nicht aufgaben. Der Erfolglose scheitert beim ersten Misserfolg. Misserfolg heißt, Ursache und Absicht stimmen nicht überein. Die Erfolgreichen aber betrachten offensichtlich einen Misserfolg nur als ein Zwischenergebnis auf dem Weg zum endgültigen Erfolg.

Und das ist der nächste Schritt, den Sie sich bewusst machen sollten: Ihre Misserfolge sind viel wichtiger als Ihre Erfolge. Ihr Erfolg beendet nämlich eine Sache, Ihr Misserfolg aber macht sie erst möglich, denn er ist eine wichtige Information des Lebens: So funktioniert es nicht! Dann weiß ich, dass ich die falsche Ursache gesetzt habe und kann korrigieren. Ich setze eine andere Ursache und vielleicht habe ich wieder einen so genannten Misserfolg, muss also noch einmal korrigieren. Ich bekomme noch einmal einen Hinweis vom Leben, dass es so nicht geht, bis ich dann auf dem richtigen Weg bin.

Wenn Sie also ab jetzt Misserfolge als Zwischenergebnis ansehen und als wichtige Information für den eigentlichen Erfolg, wenn Sie merken, dass Sie aus ihnen etwas lernen können, dann erkennen Sie, dass Misserfolge in Wahrheit Freunde und wichtige Lehrer sind.

Und noch etwas ist mir aufgefallen bei den Erfolgreichen: Sie betrachteten eine einmal angefangene Sache erst dann als abgeschlossen, wenn sie erfolgreich beendet werden konnte. Bis zum endgültigen Erfolg war sie nicht fertig.

Diese Regel sollten auch Sie sich zu Nutze machen. Ich habe das damals als 17-jähriger getan, es hat mich fasziniert und begeistert, ich habe es erkannt, und ich habe seit dieser Erkenntnis jedes begonnene Vorhaben in meinem Leben erfolgreich abschließen können. Es hört sich großartig an, ist aber eigentlich der Normalzustand, und es wird Ihnen genauso gehen, wenn Sie einfach nicht vorher aufgeben.

Es ist ein wunderbares Gefühl: Wenn ich etwas anfange, weiß ich zwar nicht, was morgen passiert, aber ich weiß, was am Ende sein wird: Ich werde wieder einmal gewonnen haben. In diesem Bewusstsein, in diesem Glauben sollten Sie Ihre Vorhaben angehen.

Allerdings werden Sie dann manche Sachen gar nicht erst beginnen. Wie oft ist man begeistert aus dem Urlaub gekommen und hat gesagt: Es war so schön in Italien, ich lerne nun Italienisch, ich melde mich bei der Volkshochschule an. Dann geht man zwei-, dreimal hin. Dann kriegt man Schnupfen oder Besuch oder hat einfach keine Zeit. So verliert man den Anschluss, und es ist wieder nichts daraus geworden.

Wenn ich aber im Erfolgs-Bewusstsein etwas anfange, dann gibt es kein anderes Ende als den Erfolg, es gibt keine Entschuldigung mehr, keine Ausreden. Dann werde ich das erfolgreich abschließen, was ich begonnen habe, und ich werde sorgfältiger prüfen, was ich anfange. Prüfen Sie bei jedem Vorhaben, ob Sie das wirklich abschließen wollen, ob Sie bereit sind, es erfolgreich durchzuführen. Wenn Sie das tun, wartet ein Leben voller faszinierender Möglichkeiten darauf, dass Sie es entdecken und in Erscheinung treten lassen. Erfolgreich sein kann man lernen wie eine Fremdsprache.

Die Realität folgt der Überzeugung

Ist Ihnen bewusst, welch großartiger Schritt das vor etwa 12000 Jahren war, als unsere Vorfahren, die bis dahin Jäger, Nomaden und Sammler waren, auf einmal das Säen entdeckten? Die Jahrtausende davor waren die Menschen darauf angewiesen, etwas zum Essen zu finden. Wenn sie nichts fanden, dann hungerten sie, und wenn sie über längere Zeit nichts fanden, dann verhungerten sie.

Irgendwann in einem genialen Sprung des Bewusstseins erkannte jemand, dass man diese kleinen Samenkörnchen nicht nur essen, sondern dass man sie säen kann und dass dann Monate später an derselben Stelle etwas wächst, das wieder diese Samen trägt.

Bis dahin lebten die Menschen im Moment, es gab nur den jeweiligen Augenblick. Jetzt erkannten sie, dass bestimmte Samen immer ganz bestimmte Pflanzen hervorbringen. Sie wussten nun: Es kann nie passieren, dass ich Weizen säe und Kartoffeln ernte. Wenn ich Weizen säe, kann ich absolut sicher sein, dass ich auch Weizen ernte. Und umgekehrt: Wenn ich Weizen ernte, dann weiß ich, dass auch Weizen gesät worden sein muss, weil die Natur sich nicht irrt. Die Natur kann nicht aus Versehen Rüben hervorbringen.

Es ist wichtig, sich diese Zusammenhänge klarzumachen,

denn gerade stehen wir wieder vor einer solchen großartigen Entdeckung. Man könnte diese Entdeckung als den »geistigen Ackerbau« bezeichnen. Unser Acker ist heute die Zukunft, und wir erkennen gerade, dass Ereignisse unseres Lebens nicht aus dem Dunkel als Schicksal auf uns zukommen – mal was Angenehmes, mal was Unangenehmes –, sondern dass jeder immer *das* bekommt, was er verursacht, was er gesät hat.

Die meisten aber säen geistig völlig unbewusst. Das ist der Schritt, den wir vollziehen sollten: ganz bewusst säen. Das Schöne ist, Sie können so viel Zukunft in Besitz nehmen und bestellen, wie Sie wollen – tatsächlich Ihre gesamte Zukunft. Es ist wie damals beim Ackerbau. Da musste man das Land noch nicht kaufen und es gab keinen Eintrag im Grundbuch. Man steckte einen Pflock in den Boden und sagte: »Das ist mein Feld.« Und wenn man wollte, konnte man die Pflöcke sehr weit setzen, dann hatte man eben ein großes Stück Land.

Genauso verhält es sich mit Ihrer Zukunft. Niemand neidet Ihnen Ihre Zukunft. Sie können anfangen, sie zu bestellen, und es wird wieder genau das Gleiche passieren wie vor 12 000 Jahren: Was Sie säen, das wächst. Oft können Sie schon nach wenigen Tagen ernten. Sie werden genau das ernten, was Sie gesät haben.

Erfolg bedeutet in Wirklichkeit, dass alles Tun erfolgreich ist. Zum wahren Erfolg gehören auch Gesundheit, Freude, Glück, vor allem aber Erfüllung. Denn Erfolg ohne Erfüllung ist kein Erfolg. Deshalb ist das Wichtigste, was Sie jetzt tun können, sich ganz bewusst zu entscheiden, dass Sie einer der noch wenigen sind, die ihre Zukunft bewusst bestimmen.

Einer von denen, die erfolgreich hervorbringen, was immer er haben will. Und genauso wenig wie der Acker einem Bauern sagen kann: »Nein, den Weizen bring ich nicht hervor!«, genauso wenig kann das Leben Ihnen das versagen, was Sie jetzt verursachen.

Das bedeutet aber nichts anderes, als dass Sie alles haben können!

In diesem Zusammenhang noch einmal die Information, die Ihnen wahrscheinlich gefällt: Harte Arbeit ist keine Ursache für Erfolg. Wann immer Sie sich im Leben anstrengen, zeigt Ihnen das nur, dass Sie noch nicht den Weg gefunden haben, auf dem es leichter geht.

Das Gewinner-Bewusstsein

Als Fundament sollten wir uns zunächst unsere Grundeinstellung zum Leben bewusst machen. Denken Sie einmal zurück an den Augenblick kurz bevor es Sie gab: den Augenblick Ihrer Zeugung. Machen Sie sich bewusst, dass bei Ihrer Zeugung dreihundert Millionen Samenzellen an den Start gingen. Jede wollte die Erste sein, aber eine hat gewonnen, die, die Sie jetzt ausmacht, sonst wären Sie nicht am Leben. Die gute Nachricht ist: Sie werden nie wieder im Leben gegen eine solch erdrückende Übermacht angehen müssen. Mit anderen Worten: Sie sind von Natur aus ein Gewinner. Die anderen mussten warten, Sie haben es geschafft.

Gehen Sie einmal in dieses Bewusstsein, wer Sie wirklich sind, hinein: Sie sind von Natur aus ein Gewinner! Machen Sie sich bewusst, dass Sie ständig gewinnen, ganz gleich, um was es geht. Zuerst gewinnen Sie einen Eindruck von der Situation, dann gewinnen Sie die Erkenntnis Ihrer Macht, etwas zu unternehmen und auch etwas ändern zu können. Das ist der entscheidende Schritt vom Opfer zum Schöpfer. Sie sollten nicht nur das Beste aus Ihren Lebensumständen machen, Sie sollten sich die besten Lebensumstände machen. Befreien Sie sich aus dem Gefängnis der Gegebenheiten, denn die gibt es nicht.

Sie können Ihre Situation jederzeit ändern, und wenn Sie etwas geändert haben, weil es vorher falsch war, was Sie gemacht haben, dann gewinnen Sie gleich dreimal: erstens die Einsicht, dass es falsch war, zweitens die Erkenntnis, wie es richtig sein sollte, und drittens die Chance, es beim nächsten Mal besser zu machen.

Und war es gleich richtig, was Sie getan haben, dann gewinnen Sie den erwünschten Endzustand, dann sind Sie am Ziel. Dann haben Sie das erreicht, was Sie wollten. Letztlich gewinnen Sie Freude und Dankbarkeit und – da es immer müheloser geht – gewinnen Sie auch die Leichtigkeit des Seins. Dann hört das Leben auf, ein Kampf zu sein. Einen Kampf haben Sie in der Vergangenheit daraus gemacht.

Ich vergleiche das Leben gern mit einem Kartenspiel. Eine Karte ist zum Beispiel »ich denke«, eine andere »ich rechne damit«, wieder eine andere »ich hoffe« oder auch »ich erwarte«, »ich wünsche« – je nach den Punkten auf der Karte. Ein Ass aber ist eine feste Überzeugung: »Ich weiß, so ist es!« Und der Joker ist die absolute Gewissheit des Erfolgs.

Das Schöne am Kartenspiel des Lebens ist: Sie entscheiden, welche Karten Sie wählen. Und es spielt keine Rolle, wie Sie bisher gewählt haben: Sie können jetzt neu wählen. Nehmen

Sie doch alle vier Asse und den Joker und spielen Sie, wenn Sie wollen, das Leben nur noch mit Assen. Sie fangen auf diese Weise an, in jedem einzelnen Fall zu gewinnen.

Ein Mythos ist zum Beispiel die Überzeugung, dass eine gute Ausbildung den Erfolg sichert. Zurzeit gibt es weit über 10 000 Akademiker, die eine gute Ausbildung haben und trotzdem arbeitslos sind. Die Ausbildung allein kann es also nicht sein.

Ich hatte vor vielen Jahren ein Schlüsselerlebnis: Zufällig bin ich nach 40 Jahren dem Besten meiner Klasse wieder begegnet. Er war damals allen so haushoch überlegen, dass ich dachte, der wird mindestens Weltbankpräsident oder irgendetwas Ähnliches.

Er ist Buchhalter in einer kleinen Keramikfabrik mit 56 Beschäftigten geworden und hat mir begeistert erzählt, dass er gute Aussichten habe, in den nächsten Jahren Prokura in der Firma zu bekommen. Die Vorstellung, dass er als leuchtendes Beispiel der Klasse diese berufliche Position im Leben erreicht hatte, lähmte mich einige Tage. Doch inzwischen weiß ich, dass es tatsächlich so ist: Die »ersten« in der Schule arbeiten nicht selten später für die »letzten«.

Das, was wir Realität nennen, folgt unserer Überzeugung. Wenn Sie gleich früh als Gewinner auftreten, haben Sie zwar die besseren Startbedingungen, aber gewinnen kann jeder lernen. Manche Menschen haben schon als Baby Pech. Sie stoßen sich überall und fallen vom Wickeltisch, bekommen jede Krankheit, später fahren Sie sich Beulen in ihr Auto und werden bei der Gehaltserhöhung übergangen. Andere haben das Glück scheinbar gepachtet. Was sie anfassen, gelingt und wird ein Erfolg. Sie denken einfach, dass sie es schaffen und sie schaffen es dann auch, weil sie davon überzeugt sind, dass es ihnen gelingen wird.

Von der Imagination zur Identifikation

Ich hatte bereits folgenden Bibelspruch zitiert: »Alles, um was ihr bittet, glaubt nur, dass ihr es empfangen habt, und es wird euch zuteil werden.« Ich bin schon im Religionsunterricht darüber gestolpert und habe mir gedacht: »Das ist doch ein Unsinn. Wie kann ich glauben, etwas zu haben, was ich nicht habe? Ich will es ja gerade haben, weil ich es nicht habe. Da kann ich doch nicht glauben, dass ich es habe. Und außerdem ist es doch ungerecht, wenn ich es erst bekomme, wenn ich glaube, dass ich es habe.«

Aber genau dieses Paradoxon gilt in der Schöpfung. Sie brauchen sich nur einmal bewusst zu machen, wie es aussieht, wenn eine Firma einen intern begehrten Posten neu besetzen will, zum Beispiel den eines Abteilungsleiters. Wer wird der neue Abteilungsleiter? Der, der es vorher schon ist. Er muss die Position vorher schon in Besitz genommen haben, er muss die mentalen Voraussetzungen mitbringen. Es wird nicht jemand auf den Posten gesetzt werden in der Hoffnung, dass er es im Laufe der Zeit schon lernt. Genau das besagte diese Gesetzmäßigkeit: Ich kann erst etwas bekommen, wenn ich es habe. Ich kann nichts werden, bevor ich es nicht schon bin. Das hört sich paradox an, ist aber Gesetz.

Konkret heißt das: Bevor ich etwas anstrebe, sorge ich geistig dafür, dass es ein Erfolg wird. Und der erste Schritt zu dieser Ursache ist, dass ich die mentale Form durch Imagination schaffe. Ich stelle mir vor, wie ich es im Einzelnen gern hätte. Ich sollte mit meiner Zukunft vernünftig umgehen, wie ich beispielsweise ein gutes Kleidungsstück kaufe.

Wenn Sie an einem Schaufenster vorbeigehen und ein interessantes Kleidungsstück im Fenster sehen, gehen Sie sicherlich nicht ins Geschäft und sagen: »Packen Sie mir das ein!«, sondern Sie sagen: »Das möchte ich gerne anprobieren.« Und wahrscheinlich nehmen Sie gleich noch ein, zwei andere Sachen in die Kabine mit. Vielleicht kaufen Sie dann das Stück, weswegen Sie ins Geschäft gekommen waren, nicht, dafür aber eines von den anderen, weil dieses das Richtige war.

Genauso vernünftig sollten Sie sich in Bezug auf Ihre Zukunft verhalten. Verursachen Sie keine Zukunft, bevor Sie sie nicht anprobiert haben und gewöhnen Sie sich an, zuerst in Ihrer Imagination den erwünschten Endzustand zu testen.

Stellen Sie sich also immer wieder die neue Situation in dem erwünschten Endzustand vor, und probieren Sie aus, ob Sie diese Zukunft auch wirklich haben wollen.

Denn sehr oft im Leben fühlt es sich wie eine Strafe an, wenn wir das bekommen, was wir ursprünglich haben wollten. Um wirklich erfolgreich im Sinne von glücklich sein zu können, müssen wir die Zukunft anprobieren. Das heißt in diesem Fall, sich nicht nur einen Moment lang vorstellen, wie es wäre, das Gewünschte zu haben oder zu erleben. Das Geheimnis besteht darin, dass wir mindestens eine Stunde, besser zwei, das Gewünschte innerlich erfahren.

Am Anfang steht uns der Verstand gern noch im Weg. Stellen Sie sich einmal vor, Sie würden Direktor oder Sie bekämen eine Gehaltserhöhung oder Sie gewännen im Lotto. Was geschieht? Der Verstand schaltet nach einiger Zeit ab und sucht nach neuen Wünschen und Zielen. Wenn Sie aber schnell zum nächsten Wunsch springen, dann können Sie das Gewünschte nicht verursachen, da Sie es noch nicht glauben können. Sie haben sich ja noch nicht richtig überzeugt. Sie überzeugen sich erst, wenn Sie sich immer wieder in der Situation erleben.

Das Geheimnis ist, dass Sie aus der Imagination einer beliebigen Zukunft erlebte Gegenwart machen, dass Sie also ein erwünschtes Ereignis durch Ihre Imagination, also Ihre Vorstellung, in die Gegenwart holen. Es ist wichtig, dass Sie *es jetzt* erleben, denn eine Ursache kann nur im Jetzt gesetzt werden. Und deswegen müssen Sie sie durch Identifikation in Besitz nehmen. Der erste Schritt ist also Imagination. Sie stellen sich das Gewünschte vor und prüfen, ob Sie es wirklich wollen, ob es Ihnen entspricht, ob Sie sich damit gut fühlen.

Um das feststellen zu können, müssen Sie sich damit identifizieren. Also gehen Sie in der Vorstellung in die erwünschte Situation hinein und erleben sich in immer neuen Aspekten darin. Jetzt haben Sie sie in Besitz genommen, jetzt *haben* Sie. Ich erinnere noch einmal an den eben erwähnten Bibelspruch. Jetzt haben Sie erhalten. Jetzt muss es werden. Jetzt können Sie getrost loslassen.

Aber es gibt einen Fehler, den viele dabei machen: Am Anfang machen sie es genau richtig und haben verursacht, was sie sich wünschen. Das Leben wollte es ihnen absolut zuverlässig geben. Am nächsten Tag denken sie noch mal daran und denken, »Na, hoffentlich klappt das«. Und damit haben sie wieder abbestellt. Sie haben sich durch eine Hoffnung, durch einen Wunsch von der Realisierung getrennt. Denn mit dem Infragestellen verursachen sie das »Ich habe es nicht.« Und dann passiert auch im Außen nichts.

Wenn Sie also erkannt haben, dass Sie von Natur aus ein Gewinner sind, dann wird Ihre energetische Ausstrahlung Ihre Umgebung veranlassen, Ihnen zu helfen, wieder einmal zu gewinnen. Ihr Optimismus wird einfach grenzenlos sein, weil Sie wissen, dass es doch wieder gelingen wird und weil Sie davon überzeugt sind, gelingt es auch immer wieder in jedem einzelnen Fall. Sie haben einfach die richtige Lebenseinstellung, die richtige energetische Signatur.

Die Fülle – Ihr natürlicher Zustand

Und noch etwas ist wichtig auf dem Weg zum Erfolg: Lösen Sie sich von der durch nichts zu begründenden Vorstellung, dass es im Universum eine begrenzte Menge an Wohlstand gäbe, der daher möglichst gerecht zu verteilen ist. Das heißt also, haben Sie kein schlechtes Gewissen, wenn Sie Wohlstand in Erscheinung treten lassen, denn jeder andere hat die gleiche Chance. Mangel und Knappheit sind nur eine Vorstellung des Verstandes. Die Realität ist bereit, jederzeit für jeden beliebig viel von allem hervorzubringen, wenn er es verursacht. Genauso wie der Bauer auch kein schlechtes Gewissen haben muss, wenn er eine reiche Ernte verursacht. Jeder andere Bauer könnte das Gleiche tun.

Und jetzt gehen Sie noch einen Schritt weiter. Sie brauchen ab heute im Leben wirklich auf nichts mehr zu verzichten. Wenn Sie unbedingt auf etwas verzichten wollen, dann verzichten Sie aufs Verzichten. Und wenn Sie etwas teilen wollen, dann teilen Sie diese Erkenntnis mit anderen.

Wenn Sie also wirklich märchenhaft leben wollen, dann gehört dazu auch, dass Sie wieder träumen lernen. Träumen ist ein unverzichtbarer Erfolgsfaktor. Wenn wir ins Leben treten, haben wir alle einen bestimmten Traum von diesem Leben und die Absicht, diesen Traum zu verwirklichen. Aber dann wirken Eltern, Gesellschaft, Schule, Beruf und Umstände auf uns ein, wir richten uns nach den Gegebenheiten und verlieren allmählich unseren Traum aus den Augen. Des einen Traum war vielleicht, mit Robert Redford oder Heidi Klum auf Hawaii zu leben, stattdessen lebt er mit Käthe Schmidt oder Hans Müller in Wanne-Eickel. Ihr Traum war vielleicht, einmal einen Jaguar zu fahren, stattdessen kaufen Sie einen Golf, der praktisch, quadratisch, gut und nicht zu teuer ist.

Ich handle anscheinend vernünftig. In Wirklichkeit aber verrate ich meinen Traum. Ich könnte ja alles haben. Wir alle haben als Prinzen und Prinzessinnen begonnen und die meisten enden als Frosch, der nicht einmal mehr daran glaubt, dass ihn jemand wachküssen wird.

Zum wirklichen Erwachsenwerden gehört auch, dass Sie wieder Ihren Traum träumen, dass Sie Ihren Traum lebendig werden lassen, dass Sie prüfen, was bisher die vollkommene Erfüllung Ihrer Träume verhindert hat.

Erstaunlicherweise – und ich habe das oft nachgeprüft – können die meisten Menschen nur deswegen ihren Traum nicht verwirklichen, weil sie gar keinen mehr haben. Und die anderen verhindern ihren Traum, weil sie glauben, er lässt sich doch nicht realisieren. Sie haben scheinbar vernünftige Glaubenssätze wie: »Man kann nun mal im Leben nicht alles haben.« Wer aber sagt das? Das ist so, als wenn der Bauer sagen würde: »Man kann nun mal nicht säen, was man will.«

Doch, genau das kann man! Ja, Sie können vom Leben alles haben! Und dem Leben ist es völlig gleichgültig, was Sie verursachen: Es wird zuverlässig geliefert. Man kann grundsätzlich sagen: Seine Probleme löst man am einfachsten, indem man aufhört, selbst ein Problem zu sein. Fangen Sie an, ein bewusster Schöpfer zu sein. Machen Sie sich bewusst, dass Sie alles vom Leben haben können, was immer Sie wollen. Es gibt keine Ausnahme.

Die innere Dimension des Erfolgs

Indem Sie Ihr momentanes Bewusstsein für das Bewusstsein eines Erfolgreichen halten, optimieren Sie es: Seien Sie einmal ganz bewusst ein Gewinner. Machen Sie sich bewusst, dass alles, was Sie von nun an anfassen, ein Erfolg wird. Es gibt keine Ausnahme mehr. Die wichtigste Voraussetzung ist Ihre Überzeugung.

Manchen macht es vielleicht Schwierigkeiten, das zu glauben. Prüfen Sie einmal, wer Sie sind: Als wen empfinden Sie sich? Wenn Sie sich als Ich sehen, als einen Mensch, eine Persönlichkeit, einen Körper mit einem Verstand, dann haben Sie sicher Probleme zu glauben, dass Sie vom Leben alles haben können. Wenn Sie sich aber bewusstmachen, wer Sie wirklich sind und sich als einen Teil des einen, des einzigen Bewusstseins erkennen, der Kraft des Universums, dann ist es ganz natürlich, dass Sie alles vom Leben haben können. Die

Übung des »In sich selbst Ruhens« (siehe S. 39f.) kann Ihnen helfen, Sie selbst zu sein.

Nun haben Sie gesehen, dass alles möglich ist. Jetzt sollten wir Schritt für Schritt die Gesetze des Erfolgs in uns vollziehen, also Teil unserer Überzeugung werden lassen. Wir haben gesagt, Erfolg ist etwas, das erfolgt. Machen Sie sich das einmal bewusst. Erfolg muss nicht geschaffen werden, er erfolgt. Er muss nur verursacht werden. Machen Sie sich auch bewusst: Ganz gleich was Sie tun, immer erfolgt etwas. Das heißt, Sie haben immer schon in jedem einzelnen Fall Erfolg gehabt, denn es erfolgt immer das, was der gesetzten Ursache entspricht. Das ist nicht immer das, was Sie beabsichtigen.

Es ist wichtig, auf die Wirkung der Worte zu achten. Sie können schwächen oder stärken. Den Begriff »verdienen« zum Beispiel sollten wir möglichst aus dem Bewusstsein streichen. Unsere Sprache gibt uns da leider ein Handicap vor, weil wir zu Geld kommen, indem wir es »ver-dienen«. In anderen Sprachen sind die Assoziationen viel kraftvoller. Es ist ein Unterschied, ob ich als Amerikaner in die Welt hinausgehe »to make money« – »ich mache Geld«. Das ist eine ganz andere Grundhaltung als Geld zu »verdienen«. Das hört sich nach »im Schweiße deines Angesichts« an – mühevoll muss man es sich erarbeiten. Die Engländer ernten das Geld einfach, »to earn money«. Nicht einmal von Säen ist da die Rede. Vielleicht wollen Sie sich auch die französische Grundhaltung zu Eigen machen: Die Franzosen gewinnen das Geld – »gagner d'argent«.

Sie bekommen genau das, was Sie verursacht haben und deswegen sollten Sie immer Ihre *innere Dimension* prüfen. Ein Beispiel dazu: Ich kenne einen Filmproduzenten in Kanada.

Wir telefonierten mal vor Jahren und auf meine Frage: »Wie geht es dir?«, antwortete er: »Ganz gut.« Wie nebenbei erwähnte er dann, dass er momentan 22 Millionen Dollar Schulden habe. Ich sagte: »Das ist aber eine ganz ordentliche Summe, das würde mich belasten.« »Ach nein«, sagte er, »das ist unwichtig, das ist bald wieder weg.« Wir haben dann wohl ein Jahr später wieder miteinander gesprochen und er sagte mir, dass er inzwischen schon wieder 20 Millionen Dollar Guthaben habe. Da wurde mir klar, dass er eine andere *innere Dimension* hat als ich.

Genau diese innere Dimension, diese innere Einstellung ist es, die unseren Erfolg begrenzt. Diese selbst gesetzte innere Dimension kann das Leben nicht überschreiten, aber wir selbst können sie ändern. Das aber können wir erst, wenn wir uns dieser Dimension bewusst sind.

Ich hatte einmal jemanden in der Beratung, den ich fragte: »Wieviel Geld werden Sie bis zum Jahresende verdient haben?« Er sagte: »Bisher habe ich Jahr für Jahr immer etwa 500 000 Euro im Jahr Gewinn gemacht, ich komme einfach nicht darüber hinaus.« Ich sagte: »Stellen Sie sich einfach mal eine Summe vor, die Ihnen glaubwürdig erscheint.« Er sagte: »Also eine Million bis Jahresende, daran kann ich glauben.«

Danach telefonierten wir im Oktober. Er erzählte, dass es fantastisch läuft: »Ich bin schon bei 960 000, dabei kommt das Weihnachtsgeschäft erst noch. Es bringt meist 25 bis 30 Prozent des Jahresgewinns. Also ich werde dieses Jahr weit über diese Million kommen.« Dann haben wir am Jahresende wieder miteinander gesprochen und er sagte: »Es ist unglücklich gelaufen, es kamen Stornos und dann ging es ein bisschen rauf und runter und hin und her.« Kurzum: er hat eine Million erreicht und nicht mehr.

Erkennen Sie, wie wesentlich diese innere Dimension ist? Fragen Sie sich: Was ist Ihre innere Dimension, welchen Erfolg können Sie sich vorstellen?

Was ist der größtmögliche Betrag, an den Sie glauben können? Verursachen Sie ihn jetzt, indem Sie diese zwei Schritte vollziehen:

- Stellen Sie sich den Betrag vor, lassen Sie ihn innerlich in sich leben.
- Nehmen Sie ihn in Besitz, gehen Sie davon aus, dass Sie ihn bereits besitzen. Können Sie Ihren Bankauszug vor sich sehen und die entsprechende Summe darauf? Erleben Sie mit allen Sinnen, wie es ist, einen solchen Geldbetrag zu besitzen.

Wenn Sie es glauben können, wenn Sie es in Besitz nehmen können und es sich für Sie natürlich anfühlt, dann dürfen Sie sich freuen, denn bald werden Sie es in der Realität erleben.

Jeder bekommt vom Leben das, was er verursacht. Nicht mehr, nicht weniger und nichts anderes. Sobald Ursache und Absicht übereinstimmen, muss der erwünschte Erfolg eintreten. Also stellen Sie sich immer nur vor, was Sie beabsichtigen. Erfolg entsteht nicht, indem Sie im Außen hart arbeiten. Das kann zeitweise ganz hilfreich sein, aber das ist nicht der Weg zum Erfolg. Erfolg entsteht in Ihrem Bewusstsein.

Das letzte Geheimnis der Verursachung ist die Dankbarkeit dafür, das bekommen zu haben, was Sie erst noch gerne hätten. Denn Sie haben es ja in der Vorstellung bereits bekommen, und in dieser Vorstellung sollten Sie Ihre Dankbarkeit fühlen – und nicht nur denken. Viele Menschen denken ihre Gefühle nur noch. Sie sagen: »Ah, da bin ich aber froh.« Aber man sieht an ihrem Gesichtsausdruck, dass sie innerlich überhaupt nicht froh sind.

Wenn Sie all diese Schritte gemacht haben – wir probieren das gleich an einer Übung – dann können Sie die Hände in den Schoß legen und es dem Leben überlassen, wie es Ihren Erfolg hervorbringt.

Denn dann haben Sie so wie der Bauer gesät. Das bestellte Feld sieht genauso aus wie das brachliegende. Aber der Bauer weiß, dass auf dem Feld gesät ist und dass die Saat aufgehen wird. Jetzt braucht er nichts mehr zu tun.

Wenn er unruhig wird und mit dem Traktor über das Feld fährt, wenn er vielleicht sogar neu umgräbt, um nachzuschauen, ob denn wirklich etwas gewachsen ist – dann wächst nichts mehr.

Das Gleiche würden Sie tun, wenn Sie denken: »Hoffentlich wird das was!« Dann haben Sie gerade wieder abbestellt. Sollte es mal passieren, dass Sie aus Versehen wieder abbestellen, dann ist das nicht schlimm. Sie können alles sofort wieder ändern, nur sollten Sie es dann auch tun.

Für viele ist es leichter, negativ zu denken, weil sie da die größere Übung haben. Auch damit können Sie anfangen.

- Gibt es Bereiche in Ihrem Leben, in denen es nicht optimal läuft? Stellen Sie sich einen solchen Bereich vor.
- Und dann machen Sie den zweiten Schritt: Stellen Sie sich vor, wie Sie es gerne hätten. Wie sieht es aus, wenn dieser Bereich bestens wäre?
- Nehmen Sie das Vorgestellte in Besitz, erleben Sie sich in der erfüllenden Situation. Sie haben es gerade erreicht. Erleben Sie sich jetzt am Ziel. Und erleben Sie vielleicht zwei, drei Aspekte dieses Erfolgs, zwei, drei unterschiedliche Situationen, in denen Ihr Erfolg zum Ausdruck kommt. Sie könnten innerlich Ihr Bankkonto mit der Wunschsumme darauf anschauen, Sie können imaginieren, wie Sie Ihren Freunden von Ihrem Glück erzählen und so weiter.
- Danken Sie für den Erfolg.

Diese einfache Übung beinhaltet die Grundarbeit, die Grundvoraussetzung zum Erfolg. Sie müssen ihn erst einmal in Ihrer Vorstellung schaffen. Sie formen in Ihrer Imagination den Idealzustand.

Das Drehbuch des Lebens ändern

Machen Sie sich bewusst, dass jeder einzelne Gedanke eine Ursache ist. Negative Gedanken können natürlich nur negative Folgen nach sich ziehen. Ganz gleich, was in Ihrem Leben bisher passiert ist, Sie sehen daran nur, wie Sie zuvor gedacht haben. Und das ist das Schöne: Sie können es in jedem Augenblick ändern. Jetzt wäre ein guter Augenblick, damit anzufangen. Beginnen Sie, positiv zu denken. Spüren Sie die Schwingung Ihres Erfolgs und im gleichen Augenblick, in dem Sie sich wirklich darin erleben, ist er Wirklichkeit geworden.

Das nenne ich gern »sympathisch werden«. Sie können heute beschließen sympathisch zu werden – und natürlich Ihr Leben lang zu bleiben. Es nützt ja nichts, wenn Sie mal zwei Minuten sympathisch sind. Bleiben Sie einfach sympathisch, weil man sympathischen Menschen viel lieber hilft. Mit denen ist man gerne zusammen, mit denen arbeitet man gerne zusammen, die unterstützt man, wo man kann. Man wirkt selbst besonders sympathisch auf jemanden, wenn man ihn sympathisch findet.

Richten Sie Ihre Sympathie einmal auf irgendeinen Menschen, dem Sie begegnen, finden Sie ihn sympathisch. Es ist ganz einfach. Der andere kann dann nicht anders, als Sie auch sympathisch zu finden, einfach weil Sie den ersten Schritt gemacht haben. Wenn Sie also ein sympathischer Mensch werden wollen, dann fangen Sie an, die anderen zu mögen. Das hat einen weiteren großen Vorteil: Es zwingt Sie, Ihr Bewusstsein auf das Angenehme im anderen zu richten.

Finden Sie einfach mal an jedem Menschen etwas Sympathisches. Und sagen Sie es ihm! Machen Sie ab sofort Wortgeschenke. Gewöhnen Sie sich an, jedem Menschen etwas zu sagen, was Sie an ihm sympathisch, angenehm, gut, bewundernswert finden. Sie richten Ihr Bewusstsein damit auf das Angenehme und Positive und rufen damit hervor, dass Sie auch für den anderen sympathisch werden. Und auf einmal –

von einem Moment zum anderen – verzaubert sich Ihr Leben. Es ist auf einmal viel leichter.

Gewöhnen Sie sich an, das bei jedem zu tun, dem Sie begegnen. Dann denken Sie nämlich dauernd daran. Sobald Sie jemandem begegnen und automatisch Ihr Bewusstsein darauf richten, was Sie an ihm gut finden, sind Sie in der sympathischen Ausstrahlung. Das Drehbuch Ihres Lebens ändert sich zum Positiven.

In diesen Zusammenhang gehört ein wichtiges Thema. Ich rate Ihnen: Hören Sie auf, Ihre Vergangenheit aufzuarbeiten. Es gibt unzählige Therapien, die man jahrelang macht, um seine Vergangenheit zu bewältigen. Die Vergangenheit aber liegt hinter Ihnen, lassen Sie sie doch da liegen, wo sie liegt. Sie begegnet Ihnen nie wieder. Wenn Sie nach vorne schauen, ist die gesamte Vergangenheit, alles, was bisher war, hinter Ihnen.

Ich lebe ohne jede Vergangenheit. Alles, was länger als drei Minuten her ist, interessiert mich nicht. Das wird mir sowieso nie wieder begegnen. Aber ich weiß, die Zukunft gehört mir. Da kann ich tun und lassen, was ich will. Ich bin Herr der Zukunft. Also hören Sie auf, Ihre Vergangenheit aufzuarbeiten, lassen Sie sie einfach nur vorbei sein.

Machen Sie sich bewusst, dass Sie aus allem einen Erfolg machen und jedes Spiel gewinnen können. Jede Situation, und sei sie noch so schwierig, können Sie dahingehend verändern, wie Sie sie gerne hätten. Stellen Sie sich vor, dass diese Situation nichts als Energie ist. Und diese wird immer wieder verändert. Sie machen daraus eine neue Situation, eine neue Energie, die Ihnen entspricht.

Durch Identifikation wird eine Möglichkeit der Zukunft zu einer Realität der Gegenwart. Lassen Sie sich diesen Satz auf der Zunge zergehen. Sie können also jede beliebige Situation, die Sie wünschen, durch Identifikation in Besitz nehmen – und das Leben muss diesen Besitz hervorbringen.

Wahrer Erfolg beinhaltet übrigens auch, sich selbst neu zu erfinden. Viele Menschen versuchen, sich zu verstehen, sich zu erkennen, an sich zu arbeiten, sich zu bemühen. Vergessen Sie das alles. Erfinden Sie sich einfach neu! Seien Sie so, wie Sie gerne wären. Es beginnt damit, dass Sie Erfolg verursachen.

Schaffen Sie zunächst einmal eine Vorstellung von sich, wie Sie gerne sein möchten. Nehmen Sie diesen Zustand gleich in Besitz, indem Sie sich immer wieder so erleben, und dann seien Sie auch so. Das ist alles. Mehr ist nicht zu tun.

Bitte versuchen Sie nicht wieder zu siegen. Wir sind leider durch unsere Gesellschaft zu Siegern und Verlierern erzogen worden. Wir stehen in Konkurrenz zueinander, wir kämpfen immer gegen etwas. Das ist wie bei der Olympiade; nur einer kann siegen und die anderen werden dadurch automatisch zu Verlierern.

Ich habe vor 20 Jahren in Kyoto eine Lektion gelernt. In der Nähe meines Hotels war eine japanische Schule und ich sah eines Tages beim Sportunterricht zu. Ich schaute mir diese japanischen Kinder an, sie sahen für mich alle gleich aus, gleiche Gesichter, gleiche Frisuren. Sie standen in Dreierreihen, und der Lehrer gab das Kommando zum Start, dann rannte die erste Reihe los. Nach einer Weile gab er wieder ein Startkommando und dann rannte die nächste Reihe los. Ich versuchte zu verstehen, nach welchem System hier trainiert wurde. »Wer misst denn eigentlich die Zeit?«, fragte ich, »Wie stellen sie denn fest, wer gewonnen hat?« Mein Dolmetscher verblüffte mich mit einem Wort: »Wozu?« Ich habe es mir erklären lassen: Diese Kinder rennen nicht gegeneinander und stellen fest, wer gewonnen hat. Jeder versucht, einfach besser zu sein als er gestern war. Sie konkurrieren nur mit sich selbst. Sie werden gar nicht erst dazu erzogen, den anderen als Konkurrenten zu sehen.

Das ist doch unglaublich, oder? In dieser Haltung sollten wir auch durchs Leben gehen: Nur mit uns selbst zu konkurrieren.

Daraus habe ich gelernt: Siegen heißt verlieren. Denn ein Sieger siegt, solange bis er zum Verlierer geworden ist. Aus diesem Kindererlebnis habe ich für meine Unternehmensberatung die Erkenntnis gewonnen: Eine Lösung ist nur, wenn alle Beteiligten dabei gewinnen. Es darf keinen Sieger geben, sonst gibt es auch Verlierer und das ist keine optimale Lösung.

Mein Konzept als Unternehmensberater war immer, den dritten Weg zu finden: Unter welchen Umständen würden alle Beteiligten gewinnen? Und dann war es natürlich nicht schwer, die einzelnen Parteien zu überzeugen, denn sie hatten alle einen Vorteil. Versuchen Sie, wenn Sie erfolgreich sein wollen, nicht mehr zu siegen. Fangen Sie an zu gewinnen und sorgen Sie dafür, dass Ihre Umgebung mit Ihnen gewinnt.

Ihre Wunschbiografie durch ein neues Selbstbild

Zum Erfolg gehört allerdings gelegentlich auch etwas Mut. Wer ein Omelett machen will, muss den Mut haben, Eier zu zerschlagen. Also schauen Sie einmal praktisch auf eine Situation Ihres Lebens. Wo ist etwas nicht so gut, wie es sein könnte oder sollte? Wo fehlt Ihnen der Mut, einen schmerzhaften, schwierigen aber notwendigen Schritt zu tun? Tun Sie ihn jetzt. Führen Sie das entscheidende Gespräch, führen Sie die notwendig gewordene Trennung herbei, lösen Sie, was gelöst werden muss. Machen Sie sich bewusst: Es gibt keine Probleme, es gibt nur Aufgaben und für jede Aufgabe gibt es eine Lösung.

Wir haben gesagt, das Leben reagiert nur auf Ihre Anweisungen. Mit anderen Worten: alle Situationen, alle Begegnungen, alle Umstände, Ihr ganzes Schicksal, der Zufall, Ihr Geld – alles folgt Ihren Anweisungen. Das Leben kann nur das hervorbringen, was Sie verursachen.

Machen Sie sich jetzt einmal die wichtigsten Stationen Ihres Lebens der nächsten 50 Jahre bewusst. Was soll in dieser Zeit passieren? Da werden Sie merken, Sie müssen nachdenken; das heißt, Sie haben das bisher nicht geklärt.

Vollziehen Sie doch einmal die wichtigsten Ereignisse Ihrer Wunschbiografie nach, damit Sie sie verwirklichen können. Das Wichtigste ist wahrscheinlich der richtige Beruf – der Beruf als Berufung. Ist Ihre derzeitige Tätigkeit so, dass Sie sich schon am Freitagabend auf den Montagmorgen freuen, um weitermachen zu können?

Wenn ja, dann sind Sie mit großer Wahrscheinlichkeit in Ihrer Berufung, wenn nein, dann sollten Sie das ändern. Und zwar in den nächsten Wochen und Monaten. Erfolgreich sein kann man nämlich nur in einem Bereich, in dem man Freude hat. Wenn Sie einer Tätigkeit nachgehen, nur um Geld zu verdienen, werden Sie wahrscheinlich keinen großen Erfolg haben.

Zu Ihrer Wunschbiografie gehört auch die Klarheit, was Sie am liebsten tun würden. Was wäre für Sie eine erfüllende Tätigkeit? Machen Sie sich das einmal bewusst. Machen Sie daraus Ihre Berufung. Und noch einmal zur Erinnerung: Sobald Sie beginnen zu arbeiten, hören Sie auf, produktiv zu sein. Wenn Sie also Ihre Tätigkeit »Arbeit« nennen, machen Sie etwas falsch. Arbeit ist alles, was ich tue, um Geld zu verdienen, um meine Familie zu ernähren, um meinen Lebensabend abzusichern usw. Eine Berufung ist etwas ganz anderes als ein Beruf. Ein Beruf ist etwas, *wovon* man lebt. Eine Berufung ist das, *wofür* man lebt. Wenn Sie also in Ihrer Berufung leben, dann werden Sie wahrscheinlich sehr gut sein, weil Sie das gerne tun. Wenn Sie gut sind, werden Sie auch gut bezahlt. Das heißt also: Hören Sie auf zu arbeiten. Das heißt nicht, dass Sie nichts mehr tun sollten. Sie sollten aber nichts mehr tun, das Sie »Arbeit« nennen. Tun Sie das, was Ihnen Freude macht.

Und damit kommen wir zu einem weiteren Erfolgsfaktor, nämlich dem Selbstbild. Machen wir uns einmal bewusst, wo dieses Bild herkommt, ganz gleich wie es aussieht. Als Sie auf die Welt gekommen sind, hatten Sie kein Selbstbild. Sie wussten nicht einmal, dass es Sie gibt. Sie haben die anderen wahrgenommen, das Du, die Mutter, den Vater, die Geschwister, die Umwelt. Und aus den Äußerungen der anderen entstand allmählich ein Bild von Ihnen selbst. »Oh, das machst du aber toll«, oder: »Lass das, du machst alles kaputt«. All das wurde Teil Ihres Selbstbildes. Das heißt, dieses Selbstbild ist zum größten Teil von anderen geprägt worden, und es entspricht Ihnen vielleicht überhaupt nicht.

Wenn Ihnen Ihr Selbstbild nicht entspricht, kann Ihnen auch Ihr Leben nicht entsprechen, dann leben Sie gar nicht Ihr wahres Leben. Dann leben Sie das, was die anderen von Ihnen erwarten, was sie gerne hätten. Fragen Sie sich einmal: Wie hätten Sie sich denn gerne, welcher Mensch wären Sie gerne? Fangen Sie an, sich zu erfinden. Es beginnt damit, dass Sie sich infrage stellen. Keine von den Eigenschaften, die Sie haben, gehört zwangsläufig zu Ihnen. Alle sind angenommen und damit änderbar.

Sie brauchen sich also gar nicht zu wundern, wenn Sie mit Ihrem Leben nicht zufrieden sind, denn bevor Sie sich nicht selbst erfunden haben, ist es gar nicht Ihr Leben. Und das Bild, das wir uns von uns selbst machen, ist deswegen so wichtig, weil die Welt, die wir erleben, eine Reflexion unserer Überzeugungen ist.

Ihr Selbstbild bestimmt den größten Teil Ihres Lebens, ohne dass Sie es merken. Es ist die wesentliche Ursache für den größten Teil der Lebensumstände, in denen Sie leben. Die Umstände selbst können Sie vielleicht nicht ändern, aber das Selbstbild können Sie ändern. Das ist Ihre eigene Entscheidung.

Erst wenn der Erfolg zu Ihrem Selbstbild gehört, werden Sie erfolgreich sein können. Erst wenn es Ihnen natürlich vorkommt, können Sie Ihre Ziele erreichen. Wenn Ihnen irgendwie komisch dabei ist, sich als erfolgreichen Menschen zu sehen, wenn Sie das Glück nur eigentlich ganz gerne hätten, aber irgendwie auch Angst davor haben – dann haben Sie keine Chance. Wenn Sie diesen Aspekt Ihres Selbstbildes verändern, können Sie einen Misserfolgsmechanismus nach dem anderen aus Ihrem Leben entfernen.

Den Erfolgssender einstellen

Wenn wir genau hinschauen, erkennen wir, dass wir im Leben wählen können, indem wir unsere Einstellung verändern. Es ist so wie beim Radio: Sie hören vielleicht eine Sportsendung, eine kleine Drehung am Knopf, und Sie erleben ein Symphonieorchester, und noch ein bisschen weiter, und Sie erfahren die neusten Nachrichten. Sie drehen noch einmal und hören ein Hörspiel. Das heißt, Sie haben die Wahl, durch eine geringfügige Veränderung der Einstellung in eine ganz andere Welt zu kommen. Und so sieht es auch in Ihrem Leben aus.

Je sorgfältiger und genauer Sie Ihre Einstellung ändern, desto größer wird die Wirkung sein. Also prüfen Sie einmal, welche Einstellung Sie gerne ändern möchten, und ändern Sie sie gleich in diesem Augenblick. Und erinnern Sie sich immer wieder während der nächsten 21 Tage daran.

Machen Sie sich auch bewusst, welcher Aufwand beim Radio oder beim Fernsehen nötig ist, das Programm zu wechseln: Der Aufwand ist sehr gering, aber das Ergebnis ist nicht zu überhören.

Machen Sie sich bewusst, dass Sie die Wahl haben, welches Programm Sie für Ihr Leben wählen, welche Lebenseinstellung Sie annehmen. Welche wunderbare Möglichkeit Ihnen an die Hand gegeben ist – davon sollten Sie Gebrauch machen. Diese Fantasiearbeit kann wunderbar oder katastrophal wirken, je nachdem, was Sie sich regelmäßig vorstellen. Und ganz gleich, was Sie bisher vom Leben gedacht haben: Ab jetzt können Sie es ändern. Fangen Sie an, sich immer wieder dieses neue Leben vorzustellen, das Sie leben möchten, und wundern Sie sich nicht, wenn Sie genau das im Außen erleben werden.

Sie können als Schöpfer alles erreichen. Die Hauptarbeit wird sein, sich zu entscheiden, was Sie haben wollen. Sie können auch mit dem beginnen, was Sie nicht mehr haben wollen. Möglicherweise erleichtert Ihnen das die Arbeit. Wer ein klares Ziel hat, hat bereits den halben Weg dahin zurückgelegt. Denn aus klaren Zielen ergeben sich klare Entscheidungen. Aber Ihr Ziel sollten Sie sorgfältig wählen, da es falsche und richtige Ziele gibt.

Erkennen Sie das Ziel hinter dem Ziel. Sie wollen beispielsweise gerne ein neues Haus besitzen. Fragen Sie sich, was Sie sich davon versprechen. Was wollen Sie damit erreichen? Was ist also das eigentliche Ziel? Sie sollten kritisch die Ziele hinter den Zielen prüfen. Denn es kann sein, dass Sie dann mit dem Haus auch eine höhere monatliche Belastung haben, Sie müssen sich um die Erhaltung kümmern, haben viel mehr Arbeit, müssen den Garten pflegen etc. Und vielleicht wollen Sie das alles gar nicht.

Also ganz gleich, welches Ziel Sie haben: Prüfen Sie, warum Sie es erreichen wollen. Was versprechen Sie sich davon? Es passiert immer wieder, dass manche – vor allem junge Leute, die Karriere machen wollen – Abendkurse besuchen, Diplome und Überstunden machen. Schließlich erreichen sie ihr Ziel auf der Karriereleiter und müssen feststellen, dass sie dadurch nicht glücklicher geworden sind. Sie haben jetzt nur mehr Arbeit, mehr Verpflichtungen. Sie haben zwar mehr Geld, aber keine Zeit mehr, es auszugeben, etwas damit anzufangen. Erst dann stellen sie fest: Moment, das wollte ich eigentlich gar nicht. Dann haben sie aber zehn oder zwanzig Jahre verschwendet, um ein Ziel zu erreichen – nur um zu der Erkenntnis zu kommen, dass das nicht ihr eigentliches Ziel war. Sie müssen sich dann erneut fragen, was sie in der Essenz wollten.

Es geht darum, dass Sie Ihr gesamtes Leben infrage stellen und einmal bei null anfangen, um den Tag neu zu erfinden. Schreiben Sie das Drehbuch Ihres Lebens neu. Fragen Sie sich: Wie hätte ich mein Leben gerne?

Ihren Marktwert erhöhen

Es gibt viele Beispiele für Menschen, die irgendwann den Schritt wagten, von einer Firma oder einer Position, die nicht mehr zu ihnen passte, abzuspringen und sich dem zu widmen, was ihnen wirklich entspricht und Freude macht. Und die meisten von diesen Menschen haben damit Erfolg und verdienen heute viel mehr als damals. Sie haben ihren Marktwert erhöht und sind zudem glücklicher.

Vielleicht wollen Sie jetzt auch die Entscheidung treffen, Ihren Marktwert zu erhöhen. Denn es ist interessant: Jeder verdient im Leben genau das, was er verdient. Nämlich so viel, wie er dem Markt wert ist.

Werden Sie Zukunftsdesigner, das heißt, gestalten Sie ganz bewusst Ihr Leben. Der erste Schritt ist, dass Sie für sich definieren, was Erfolg überhaupt bedeutet. Für den einen mag es ein Erfolg sein, wenn er seinen Traum vom eigenen Häuschen verwirklicht. Für den anderen ist es ein Erfolg, wenn er bis zum Alter von hundert gesund ist, und wieder ein anderer möchte mit seinem Partner glücklich sein.

Die Erhöhung Ihres Marktwertes

Hierfür ist eigentlich nicht viel mehr nötig, als dass Sie sich entscheiden, nicht mehr mit dem zufrieden zu sein, was Sie bisher vom Leben bekommen haben. Entscheiden Sie ganz konkret, wieviel Sie sich wert sind. Fragen Sie sich:

- Was möchte ich gerne tun?
- Wie sieht mein idealer Tag aus?
- Wie viel Geld erhalte ich?

Finden Sie zu einem klaren Bild ihres Wertes und zu einer konkreten Entscheidung.

Ihre Erfolgsresonanz

Und jetzt kommen wir zum Gesetz der Resonanz, um den Erfolg in Ihrem Leben unvermeidbar zu machen: Werden Sie einmal Ihr eigener Beobachter. Werden Sie sich Ihrer selbst bewusst, und beobachten Sie sich.

Fangen wir mit etwas ganz einfachem an. Ohne ihn zu verändern, beobachten Sie jetzt einmal Ihren Atem. Schauen

Sie sich beim Atmen zu. Nicht tief oder gleichmäßig atmen, sondern einfach nur zuschauen. Wie atmen Sie gerade? Und machen Sie sich das in Worten bewusst: zum Beispiel flach, unregelmäßig, gleichmäßig, schnell oder ruhig.

Es geht darum, dass Sie lernen, sich zu beobachten. Dass Sie sich gewissermaßen neben sich stellen und sich beim Leben zuschauen. Beobachten Sie einmal Ihre Haltung. Verändern Sie sie nicht, bleiben Sie genau so, wie Sie sind, und prüfen Sie, wie sich das anfühlt. Sind Sie jetzt locker, gelöst oder verspannt oder schräg oder wie auch immer?

Und jetzt gehen wir einen Schritt weiter: Optimieren Sie einmal Ihre Haltung. Probieren Sie aus, wie Sie stimmig sitzen. Im ersten Schritt beobachten Sie sich, ohne das Beobachtete zu verändern, und im zweiten Schritt optimieren Sie das Beobachtete.

Und dann beobachten Sie sich einmal, was Sie gerade jetzt ausstrahlen. Stellen Sie sich vor, Sie sind ein Sender und 24 Stunden am Tag auf Sendung. Und jede Sekunde bedeutet eine Bestellung. Denn jede Frequenz, jeder Gedanke, der rausgeht, jedes Gefühl ist eine Bestellung. Wollen Sie das haben, was Sie gerade jetzt bestellen, oder möchten Sie sich das ersparen. Das könnten Sie natürlich. Gehen Sie jetzt einmal so auf Sendung, dass das Ergebnis nur erstrebenswert sein kann. Also machen Sie sich bewusst: Sie sind ein Gewinner. Sie wissen es jetzt wieder. Sie hatten es nur vergessen. Aber Sie haben sich heute wieder daran erinnert, Sie sind ein Gewinner. Sie können vom Leben alles haben. Sie brauchen sich nur bewusst machen, was Sie haben wollen. Und in dieser Frequenz gehen Sie ab jetzt auf Sendung.

Es geht darum, dass Sie bewusst Ihre Energie verändern.

Gehen wir noch einen Schritt weiter. Seien Sie jetzt in Ihrer Ausstrahlung erfolgreich. Sie sind gerade dabei, Ihren Erfolg wirklich absolut unvermeidbar zu machen, indem Sie nämlich Ihre energetische Signatur bewusst verändern. Indem Sie sich zum Beispiel bewusst machen: »Ich bin von Natur aus ein Gewinner«, strahlen Sie ein Gewinnerbewusstsein aus.

Oder gehen Sie einmal in die Energie, dass jeder, der Ihnen begegnet, ein Freund ist. Wenn Sie in dieser Energie bleiben, werden Sie in nächster Zeit unglaublich viele neue Freunde gewinnen. Und das Verblüffende daran wird sein, es werden welche darunter sein, die sie schon viele Jahre kennen, ohne dass Sie sich näher kamen, denn wenn Sie sich verändern, rufen Sie im anderen etwas anderes hervor.

Gehen Sie jetzt einmal in die Energie von »Klarheit«. Erfüllen Sie sich mit einem absolut klaren Bewusstsein. Stellen Sie sich vor, Sie haben den Durchblick. Sie schauen hin und wissen, dass Sie klar sehen.

Alles ist abhängig von Ihrer Energie. Sie müssen also lernen, diese Energie ganz bewusst auszustrahlen. Das ist das Geheimnis der Resonanz. Was Sie ausstrahlen, ziehen Sie an. Da brauchen Sie keine bewussten Ursachen setzen. Sie werden selbst zu einer lebendigen Ursache. Sie können in Ihr Leben ziehen, was immer Sie wollen. Seien Sie jetzt einmal erfolgreich, und zwar nicht nur in einem Aspekt, sondern in allen Aspekten.

Beginnen Sie in diesem Augenblick ein erfolgreiches Leben zu leben!

Erfolgsgedanken und Erfolgsgefühle

Erst wenn Sie Ihr Bewusstsein entwickelt haben, erkennen Sie, wer Sie wirklich sind. Erst wenn Sie sich Ihrer selbst bewusst sind, sind Sie wach. Es geht dabei um eine besondere Form der Wachheit, bei der Sie sich über Ihre Gefühle und Handlungen im Klaren sind.

Negative Gedankenstrukturen können Sie durch Bewusstmachen auflösen und vor allem auch durch inneres Wiederholen positiver Gedankenmuster. Die Gedanken sind nämlich der Schlüssel zum Erfolg. Wenn Sie richtig denken, dann werden Sie richtig sprechen und richtig handeln.

Ich empfehle in meinen Ausbildungen und Kursen den Teilnehmern die richtige »Gedanken-Medizin« einzunehmen. Die Gedanken nur zu beobachten und zu erkennen: »Jetzt habe ich negative Gedanken«, nützt nichts. Sie müssen die negativen Gedanken durch positive ersetzen.

Es ist wichtig, täglich den negativen Gedanken der Umwelt positive entgegenzusetzen. Ihr Leben wird von negativen und positiven Glaubenssätzen bestimmt. Sie sind, was Sie denken. Aber meistens wissen Sie gar nicht, was Sie denken. Wenn Sie sich immer bewusster darüber werden, was Sie denken, dann verlieren negative Glaubenssätze ihre Kraft. Sie entdecken, dass Ihr Leben nicht von fremden Kräften gelenkt wird, sondern dass Sie selbst der Regisseur, der Schöpfer Ihres Lebens sind.

Wenn Sie durch die Wiederholung positiver Sätze Ihr Gedankenprogramm bereinigen, dann erkennen Sie mehr und mehr, wer Sie wirklich sind. Allmählich treten die Glaubenssätze zurück, die bislang Ihre Wahrnehmung verzerrt haben.

Drehen Sie Ihren positiven Lebensfilm und hören Sie auf, Horrorfilme zu drehen. Wenn Sie positiv denken, dann sind Sie feiner eingestimmt. Alles, was Sie denken, bleibt in Ihrem Energiefeld. Wenn Sie negativ denken, ziehen Sie Negatives an wie ein Magnet. Wenn Sie positiv denken, zieht Ihre positive energetische Signatur Positives in Ihr Leben. Wenn wir denken, schaffen wir ein bestimmtes Informationsfeld im Geistigen. Es hat eine subtile Form, die sich allmählich in materieller Form ausdrückt. Sie wird immer dichter, bis sie sich irgendwann materialisiert.

Die folgenden Erfolgsgedanken können Sie laut oder leise für einige Minuten lesen, Sie können sie alle nutzen oder sich einzelne herausgreifen.

Vielleicht wollen Sie im Hintergrund eine entspannende Musik dabei hören. Am besten ist es, immer die gleiche Musik zu wählen, eine Musik, die für Sie Wohlstand ausdrückt. Auf diese Weise verknüpfen Sie in sich die Worte mit dieser Musik und erhöhen die Effektivität um ein Vielfaches.

Das Leben macht mir Freude.
Geld ist ein wunderbarer Kanal zur Erfüllung meiner Wünsche und Ziele.
Das Leben bietet unendliche Möglichkeiten, Chancen und Gelegenheiten für mich.
Das Universum schenkt alles im Überfluss.
Viel Geld zu haben ist ein wunderbares Gefühl.
Es gehört zu meiner Verantwortung, erfolgreich zu sein und im finanziellen Wohlstand zu leben.

Ich liebe meinen finanziellen Erfolg.
Es macht mir Freude, leicht und mühelos mehr Geld zu kreieren als ich brauche.
Meine Unternehmungen sind gesegnet und ein Gewinn für alle Beteiligten.
Ich lasse mich von meiner Intuition zu immer mehr Wohlstand leiten.
Mein Vermögen wächst gesund wie ein kräftiger Baum.
Freude erfüllt mich, wenn ich mein Leben im Wohlstand lebe.
Ich freue mich über all die Möglichkeiten, meinen Geldstrom in meinem Leben zu vergrößern.
Ich liebe alles Schöne und Angenehme, das ich jetzt mit allen Sinnen genießen kann.
Ich genieße meinen Wohlstand in wachsender Zufriedenheit.
Es macht mir Freude zu schenken und meinen Wohlstand mit anderen zu teilen.

Viele glauben, dass bestimmte Ereignisse sie traurig, glücklich oder wütend machen. Es ist aber so, dass unsere Einstellung einem Ereignis gegenüber, also unsere Gedanken darüber, unsere Gefühle bestimmen. Negative Gedanken werden immer mit seelischen Schmerzen beantwortet werden. Und die negativen Gedanken werden von tief sitzenden Glaubenssätzen über uns gespeist. Diese sind oft unbewusst: »Ich bin es nicht wert«, »Ich bin überflüssig«, »Ich mache immer alles falsch.«

Ausschlaggebend für mehr Glück und Erfolg im Leben ist es, möglichst viele negative Gedankenmuster zu ändern und durch positive Gedankenmuster zu ersetzen. Unsere positiven

Gedanken helfen uns, unsere Gefühle zu verändern. Wir erkennen mehr und mehr, dass die Ursache unseres Unglücks nicht etwa das negative Ereignis außerhalb von uns selbst ist, sondern nur die Art und Weise, wie wir über dieses Ereignis denken.

Die Macht der Erfolgssprache

Es gibt Worte und Vorstellungen, die negatives Denken und damit negative Gefühle nähren. Denkgewohnheiten sind stark und anhaftend. Sie kommen uns selbstverständlich vor. Mit der folgenden Zusammenstellung möchte ich Ihnen helfen, Ihr Bewusstsein und Ihre Eigenwahrnehmung zu schärfen. Ist dieses Bewusstsein einmal entwickelt, werden Sie leicht selbst erkennen, welche Gedankenmuster auf Sie zutreffen, um Sie dann meiden zu können.

Seien Sie achtsam, wenn Sie übertreibende Worte wie »nie«, »immer«, »kleiner«, »alle« benutzen: »Immer bin ich der Dumme«, »Keiner denkt an mich«, »Alle meinen, Sie können alles mit mir machen.«

Achten Sie auf Projektionen wie: »Du ärgerst mich!« Sätze können auch Schuldzuweisungen ausdrücken: »Das ist alles deine Schuld.«

Häufig werden Sorgen und Ängste mit Worten transportiert: »Ich sage dir, das geht schief.«

Verbinden Sie sich mit Ihrer Quelle, der Wirklichkeit Ihres Seins mit der Übung »In sich selbst ruhen« (siehe S. 39 f.).

- Beobachten Sie Ihr Denken, und erkennen Sie negative Gedanken.
- Wiederholen Sie mehrmals täglich positive Gedanken. Viele solcher Affirmationen finden Sie in diesem Buch.
- Beobachten Sie die Wechselwirkung von Gedanken und Gefühlen.
- Öffnen Sie sich der Möglichkeit, negative Gedanken über sich selbst, Ihre Mitmenschen und Ihre Umwelt durch positive auszutauschen. Die Übung *Magic Moments* ist dabei eine große Hilfe.

Stellen Sie sich stimmig zu den obigen Erfolgsaffirmationen das Gefühl vor, dass Sie sich leicht, glücklich, dynamisch, beschwingt, zufrieden fühlen. Was immer das positive Gefühl ist, gehen Sie ganz in diesem Gefühl auf. Ihr Unterbewusstsein reagiert nämlich am stärksten auf Gefühle und auf Bilder. Affirmationen, vorgestellte Gefühle und mentale Bilder sind am wirkungsvollsten, wenn Sie sie im entspannten Zustand wiederholen. Sehr effektive Mittel sind spezielle Klänge, Naturgeräusche und eine energetisch imprägnierte Stimme als Träger der positiven Botschaft.

Auf diese Weise lernen Sie, positive innere Filme zu drehen. Und alles, was Sie so in Ihr Leben rufen, werden Sie auch anziehen. Hüten Sie sich also davor, negative Worte zu denken und zu sprechen. Stattdessen verbinden Sie sich mental mit positiven Erfolgseigenschaften, die Sie verstärken möchten. Positive Eigenschaften, die Sie in Ihr Leben einladen, werden sich nach und nach manifestieren. Wenn Sie Geldprobleme haben, futtern Sie Ihr Unterbewusstsein zum Beispiel mit dem Satz: »Ich genieße mein Leben in Reichtum und Überfluss.«

Dann beginnt sich das Informationsfeld auf der feinstofflichen Ebene zu verändern. Sie bekommen Anregungen, Gelegenheiten, Kontakte, Adressen, Bücher, Hilfestellungen, Erkenntnisse, Ideen. Sie funken eine Botschaft ins Universum und erhalten Antworten.

Und dann ist es Zeit zu handeln und etwas zu tun: Mit der richtigen Person zu sprechen, einen Brief zu schreiben, ein Angebot rauszuschicken, sich zu bewerben. Denn auf der materiellen Ebene können Sie nur mit Handlungen etwas erreichen. Mit anderen Worten: Sie kennen Ihr Ziel und unternehmen mit innerer Freude die richtigen Schritte auf die Verwirklichung dieses Ziels hin.

Kapitel 3
Gesundheit und Vitalität

Jede Krankheit ist eine Botschaft, eine Information über ungesundes, nicht lebensgerechtes Verhalten. Für die meisten Menschen aber ist eine Krankheit nur eine Störung, die sie so schnell wie möglich beseitigen wollen, um danach genauso falsch weiterzumachen. Sie betrachten die Krankheit nicht als einen liebevollen Hinweis des Körpers auf eine Disharmonie im Bewusstsein, sondern als Schicksalsschlag, als Laune der Natur oder als Zufall, der den einen eben trifft und den anderen ebenso zufällig verschont.

Mit dieser Einstellung wird »Nachhilfeunterricht« leider unvermeidlich.

Verurteilen Sie sich manchmal selbst? Sie kommen in Disharmonie, wenn Sie sich zu dick, zu dumm, zu faul vorkommen, wenn Sie Ihrem Ideal nicht entsprechen. So zwingen Sie sich, etwas zu sein oder zu tun, was Ihnen gar nicht entspricht und schaffen so erst recht Disharmonie.

Wenn wir unser Auto nicht richtig bedienen, geht es kaputt, wenn wir gegen ein Gesetz verstoßen, werden wir bestraft und wenn wir unseren Körper nicht richtig behandeln, werden wir krank. Jedes Leid ist eine Botschaft und eine Aufforderung, unser Denken, Fühlen und Handeln zu ändern.

Leider sind viele Menschen ständig auf einer »geistigen Abmagerungsdiät«, sie konsumieren Zeitungen mit Schreckensmeldungen, schockierende Filme und banale Lektüre, sie langweilen sich stundenlang vor dem Fernseher. Es ist naheliegend, dass minderwertige geistige Nahrung zwangsläufig zu einer geistigen Unterernährung und zu schlechter Gesundheit führt.

Wenn wir in die Welt schauen, sehen wir Unrecht, Krankheit und Leid. Das ist so überwiegend, dass wir es nicht mehr infrage stellen. Wenn wir aber die »Wirklichkeit hinter dem Schein« untersuchen, sehen wir Krankheit und Leid nur als Botschaft und als natürliche Folge des Missbrauchs der schöpferischen Energie des Menschen. Denn es gibt im ganzen Universum keine Stelle, die Strafe und Schicksal verteilt, sondern jeder bekommt nur das, was er verursacht, nicht mehr, nicht weniger und nichts anderes.

Wir alle haben unser Schicksal, tragen es mehr oder weniger geduldig, aber kaum jemand fragt sich, wo es eigentlich herkommt. Warum er unter diesen Umständen lebt, was sie verursacht und ob und wie er sie eventuell ändern könnte. Sobald wir das aber tun, erkennen wir: Unser Schicksal liegt in unserer Hand, und wir haben die Möglichkeit, es in jedem Augenblick zu ändern. Allerdings nicht im Außen, mögen wir uns da noch so sehr bemühen, sondern nur in uns. Das Schicksal kann nur dort geändert werden, wo es geschaffen wird, nämlich in unserem Bewusstsein. Unsere Lebensumstände zeigen wie ein Spiegel den Zustand unseres Bewusstseins.

Auch die so genannten Alterskrankheiten sind nur die Information über ungelöste Aufgaben des Lebens und die Folge unserer Jugendsünden. Immer wieder kann man es erleben, dass ein Mensch, der ein Leben lang krank war, im Alter plötzlich frei von Krankheit ist und geradezu aufblüht.

Der Körper ist kein Spielverderber und jede Krankheit ist nur ein Ausdruck eines Problems, eine Möglichkeit, die das Leben benutzt, um uns zu sagen, dass etwas nicht stimmt. Verstehen wir die Botschaft nicht oder reagieren wir nicht darauf, zwingen wir das Leben, uns die Botschaft in einer anderen Form zu schicken. Krankheit zeigt sich nicht nur im Körper, sondern auch im Beruf, in der Partnerschaft, in der wirtschaftlichen Situation oder in der spirituellen Entwicklung. Aber immer will die Krankheit nur zeigen, dass irgendwo ein Stau oder ein Mangel besteht.

Jede Unausgeglichenheit bewirkt Spannung und jede Spannung blockiert den freien Fluss der Lebensenergie. Wenn ich bestimmte Energien nicht zulasse, wenn ich einen Lebensbereich ausschließe, setze ich eine Blockade, eine Disharmonie, die sich früher oder später als Krankheit ausdrücken kann. Leben, das frei fließen kann, ist heil. Der Mensch ist ein Energiefeld, aber in einem sehr breiten Spektrum von Schwingungen, er schwingt je nach Grad des Bewusstseins. Ist das Bewusstsein in Harmonie, stimmt auch die Energie; und stimmt die Energie, ist auch die Materie, der Körper, in Harmonie.

Die meisten Menschen glauben nur, dass sie ihr Leben selbst bestimmen. In Wirklichkeit wird ihr Leben von ihren selbstgewählten oder anerzogenen Verhaltensmustern bestimmt, von ihren unbewussten Vorstellungen, Wünschen und Sehnsüchten, von der Meinung der anderen, ihren Erwartungen und der Rolle, die sie spielen.

Lassen Sie nicht länger zu, dass Sie »gelebt werden«, sondern fangen Sie an, selbst zu leben. Machen Sie sich frei von allem, was nicht mehr wirklich zu Ihnen gehört. Sorgen Sie dafür, dass Sie am Ende Ihres Lebens sagen können: »Ich habe wirklich gelebt.« Viele sterben, ohne je wirklich gelebt zu haben!

Doch viele Menschen wollen gar nicht gesund werden, sie wollen nur keine Beschwerden mehr haben! Krankheit ist ein physischer Ausdruck einer geistig-seelischen Disharmonie, und die ist weder durch Pillen noch durch Spritzen oder Operationen zu beseitigen, sondern nur durch eine Änderung des Denkens.

Kürzlich durchgeführte Untersuchungen haben gezeigt, dass fünfzig Prozent aller Todesfälle und siebzig Prozent aller Krankheiten in Deutschland von den Betreffenden selbst herbeigeführt wurden. Das heißt, diese Krankheiten hätten bei größerer Achtsamkeit vermieden werden können, diese Todesfälle hätten sich nicht so ereignen müssen.

Was sind die Ursachen? Sie könnten alle folgendermaßen zusammengefasst werden: mangelnde Selbstdisziplin, falsche Ernährung, mangelnde Körperbewegung, Tabak- und Alkoholmissbrauch und persönliche Lebensgewohnheiten, die zu Stress führen.

Wir haben heute in Deutschland kein Gesundheitsfürsorgesystem, sondern ein Krankheitsfürsorgesystem. Es ist bestrebt, sich um die Leute mit Krankheiten zu kümmern. Es tut sehr wenig, um den gesunden Menschen zu helfen, sich ihre gute Gesundheit zu bewahren. Dies wäre aber die effektivste Methode, den Gesundheitszustand der ganzen Gesellschaft zu verbessern und die Kosten des Gesundheitswesens zu senken. Hier ist ein grundlegender geistiger Wandel vonnöten.

Prüfen Sie Ihre Gewohnheiten, und übernehmen Sie die Gesundheitsfürsorge für sich selbst!

- Wenn Sie rauchen, wollen Sie vielleicht jetzt damit aufhören.
- Wenn Sie Alkohol trinken, möchten Sie das vielleicht jetzt auf einen gelegentlichen Schluck beschränken.
- Wenn Sie sich wenig körperlich bewegen, möchten Sie vielleicht mit einem regelmäßigen Training beginnen.
- Wenn Sie sich häufig gestresst fühlen, möchten Sie sich vielleicht regelmäßig eine Entspannungspause gönnen und einfach im Sein ruhen.

Ein Weiser hat auf den Punkt gebracht, was Sie selbst an sich erleben können: Würden die Übergewichtigen weniger essen, die Trinker weniger trinken, die Raucher aufhören zu rauchen, die Faulen sich ein bisschen mehr bewegen und alle richtig atmen und positiv denken – wir könnten mehr Leben retten und Krankheiten beseitigen als mit all den teuren Verfahren der heutigen Medizin!

Es gibt unzählige Präventivmaßnahmen, die Ihnen helfen, nicht irgendwann der Gruppe chronisch Kranker anzugehören. Zur Vorsorge gehören auch sehr angenehme Maßnahmen: Lassen Sie sich doch ab und zu massieren – nicht nur bei akuten Schmerzen. Schauen Sie zu, wie der Stresspegel rapide sinkt und Sie produktiver und schaffensfreudiger werden. Gehen Sie zu einem Aromatherapeuten oder zu jemandem, der Reflexzonenmassage beherrscht. Treffen Sie die richtigen Entscheidungen für eine bessere Gesundheit!

Das Leben als gesundes Spiel

Das Leben ist ein Spiel. Dieses Spiel wird uns zur Freude gespielt. Wenn Sie sich auch nur einen Moment lang nicht freuen, machen Sie gerade etwas falsch, dann sind Sie nicht im Spiel.

Wenn wir in dieses faszinierende Spiel des Lebens eintreten, sorgen wir dafür, dass wir alles vom Leben bekommen. Ganz einfach, indem wir unsere Aufmerksamkeit und unsere Überzeugung darauf richten und gerichtet halten, muss das Leben das Entsprechende hervorbringen. Und das tut es auch. Das tut es in jedem Fall, nur die meisten Menschen richten ihre Aufmerksamkeit fast ausschließlich auf die Schwierigkeiten des Lebens und nutzen so ihre Schöpferkraft, um sich ständig neue Probleme zu schaffen. So wird ihr Leben immer schwieriger. Manche machen das so gründlich, dass ihr Leben unerträglich wird, und sie merken gar nicht, dass sie selbst die Schwierigkeit sind.

Das Schöne ist, dass Sie solche schmerzhaften Lebensweisen in jedem Augenblick ändern können. Denn die gerichtete Aufmerksamkeit erschafft das, worauf sie gerichtet ist. Machen wir uns einmal bewusst, was das heißt. Sie können derzeit in einer noch so schwierigen oder gar aussichtslos erscheinenden Lage sein, Sie können unheilbar krank sein. Es ist ohne jede Bedeutung, weil Sie es in jedem Augenblick ändern können. Die Realität ist jederzeit bereit, jede gewünschte Form anzunehmen. Sie nehmen einfach das wahr, was ist, und wandeln es in das, was sein soll. Und so werden Probleme zu Chancen, Aufgaben zu Lösungen, Krankheit zu Gesundheit, fehlende Vitalität zu Lebensfreude, Mangel wird zu Fülle. Der Schlüssel dazu lag schon immer in Ihrer Hand.

Einen wesentlichen Schritt sollten Sie unbedingt in den nächsten 21 Tagen vollziehen: Halten Sie nie wieder Ihre Aufmerksamkeit länger als zwei bis drei Sekunden auf einem Problem, einer Krise, einer Krankheit, einem Mangel. Schauen Sie also die Schwierigkeit an, und sagen Sie: Das hätte ich jetzt gern anders, und zwar so. Dann ziehen Sie bewusst Ihre Aufmerksamkeit von dem Mangel ab und richten ihn auf das, was sein soll. Schmücken Sie das aus, gestalten Sie es, wählen Sie bewusst, was Sie wollen. Sie können auf diese Weise alternative Formen der Zukunft schaffen. Stellen Sie sich genau vor, wie Sie es haben möchten. Und dann entscheiden Sie, welche Variante Ihnen die größte Erfüllung bringt. Wenn Sie sich entschieden haben, lassen Sie Ihre Aufmerksamkeit auf dem, was sein soll. Mehr ist nicht zu tun.

Der Maßstab sollte immer das sein, was Ihnen die meiste Freude macht, was für Sie so stimmt. Sie können dann beobachten, wie das Leben genau das verwirklicht, worauf Sie sich konzentrieren. Das hat es bisher auch schon getan, nur Sie haben Ihre Aufmerksamkeit einfach auf Schwierigkeiten und auf Probleme gerichtet, und das Leben hat dies als Anweisung, als Auftrag genommen und hat Ihnen die »gewünschten« Umstände verwirklicht. Und wenn Sie das ständig machen, dann haben sie reichlich Probleme.

Machen wir uns die Konsequenz bewusst: Wenn Sie diesen Schlüssel nutzen, ist es ganz einfach. Sie haben alles immer bei sich, was Sie dazu brauchen. Dann ist alles Bisherige unwichtig. Sie fangen jetzt an, sich Ihren Maßanzug der Zukunft zu schaffen.

Es gibt hierbei eine Herausforderung: Die meisten Menschen wissen nicht, was sie wollen. Sie wissen nur genau, was sie nicht wollen. Ich denke dabei immer an die vielen Leute, die zu mir in die Praxis kamen und auf meine Frage, was ich für sie tun kann, sagten: »Ich hätte gerne keine Kopfschmerzen mehr.« Ich sagte dann: »Und was hätten Sie gerne?« »Ja, wie ich schon sagte, ich hätte gerne keine Kopfschmerzen mehr.« Ich sagte dann immer das Gleiche: »Sie sagen, was sie *nicht* haben wollen. Aber was wollen Sie denn?« Sie können im Leben nicht bestellen, was Sie *nicht* haben wollen, das funktioniert nicht. Sie können nicht am Fahrkartenschalter sagen, dass Sie gerne nicht nach Berlin fahren wollen. Dann wird der Schalterbeamte sagen: »Gut, dann gehen Sie zur Seite, bis Sie wissen, was Sie wollen!« Und genauso macht es das Leben auch. Sie können nicht bestellen, was Sie nicht wollen.

Aber wenn Sie jemanden fragen, was er sich vom Leben wünscht, dann sagt der in der Regel: »Ich will nicht mehr so viele Probleme haben, keinen Ärger mehr mit den Kindern, keine Schwierigkeiten in der Partnerschaft. Dann hätte ich gerne nicht mehr die Belastung mit der Hypothek.« All diese Aufträge aber können nicht ausgeführt werden.

Gesundheit erträumen

Ich habe tausende in meiner Praxis befragt, fast niemand weiß, was er will. Geht es Ihnen auch so? Trauen Sie sich zu träumen. Die meisten Menschen haben das verlernt. Der erste Schritt, seinen Wunschtraum zu verwirklichen, ist, ihn zu träumen. Machen Sie sich wieder bewusst, was Sie gerne hätten.

Es gibt eine traurige Geschichte von Ali, dem Diamantensucher, die ich Ihnen kurz erzählen möchte.

Ali hatte einen Wunschtraum: Diamanten zu finden und reich zu werden. Er las alle Bücher, die er bekommen konnte, und so waren ihm alle Orte der Welt bekannt, wo es Diamanten zu finden gab. Er beschloss eines Tages, sein Haus und sein Land zu verkaufen und mit dem Geld eine Reise zu finanzieren. Er fuhr durch die Welt an alle Orte, wo Diamanten gefunden wurden, kam aber nicht zu dem gewünschten Erfolg. Und so machte er sich irgendwann nach vielen Jahren der Enttäuschung wieder auf den Heimweg. Unterwegs wurde ihm bewusst, dass er einfach nicht die Kraft hatte, mit leeren Händen nach Hause zu kommen und zu sagen: Ich habe es nicht geschafft, ich bin gescheitert. Er beging Selbstmord, kurz bevor er zu Hause ankam. Es ist nicht überliefert, ob ihn die Nachricht vorher noch erreichte, dass der Käufer seines Hauses auf Alis ehemaligem Grund eine heute weltbekannte Diamantenmine entdeckte.

Eine wahre Geschichte. Und so geht es vielen von uns. Wir sind immer auf der Suche nach etwas – und damit haben wir den ersten Schritt in die falsche Richtung getan. Denn alles, was Sie suchen, haben Sie jetzt in sich. Dort brauchen Sie nicht lange zu suchen, denn es ist ja immer schon da gewesen. Sie brauchen also weder irgendwohin zu gehen noch irgendetwas zu tun. Sie brauchen nur erkennen: Alles ist bereits jetzt da. Das Leben wartet in diesem Augenblick auf Ihre Anweisungen, und es muss alles hervorbringen, worauf Sie Ihre Aufmerksamkeit richten, alles, wovon Sie überzeugt sind.

Das Leben ist ein faszinierendes Abenteuer. Sich zu heilen, gehört zu den erstaunlichsten Möglichkeiten, die es uns bietet. Alles, was Sie dazu brauchen, haben Sie in sich, und indem Sie sich heilen, tragen Sie zur Heilung der Welt bei. Und dann ist schon wieder ein Teil im Leben in Ordnung.

Überall auf der Welt gibt es Volksgruppen und ganze Völker, die keine Krankheiten kennen. Es gibt dort keinen Arzt, kein Krankenhaus, keine Apotheke und es ist ganz natürlich, 100 Jahre und älter zu werden, ohne jemals krank geworden zu sein. Nach einem langen, erfüllten Leben verlassen diese Menschen einen Körper, der Krankheit nie kennen gelernt hat, und das in einem Augenblick voller Würde. Und das Ganze passierte nicht irgendwann in ferner Vergangenheit, sondern heute.

Das beweist, dass es möglich ist, gesund zu bleiben. Das beweist, dass es auch für Sie möglich ist. Sie müssen Ihrem Körper nur die Hilfe geben, die er braucht, um Ihnen gesund und vital bis ins hohe Alter Freude zu machen. Jeder hat die Möglichkeit, innerhalb weniger Tage spürbare Veränderungen seines Wohlbefindens und seiner Vitalität zu erleben und das alles ohne Medikamente, ohne stundenlanges Joggen, ohne Verzicht auf Genuss.

Die Grundregel für ein Leben in Gesundheit ist seit Jahrtausenden bekannt. Sie lautet: natürlich leben. Jede Krankheit ist nur ein Hinweis auf eine ungelöste Aufgabe des Lebens und im Tagebuch unseres Körpers wird unsere Lebensgeschichte getreulich aufgezeichnet. Jedes Symptom ist eine Botschaft und erzwingt, notfalls durch den Schmerz, unsere Aufmerksamkeit.

Halten wir also fest: Gesundheit ist unser natürlicher Zustand. Wir brauchen nichts zu tun, um unsere Gesundheit zu erhalten, wir müssen nur aufhören, sie durch unnatürliches und nicht lebensgerechtes Verhalten zu zerstören. Sobald wir das wissen, erkennen wir jede Krankheit als Ergebnis dieses Störens.

Fragen Sie sich ehrlich:

- Wie alt wollen Sie in diesem Leben werden?
- Wollen Sie eine Krankheit loswerden?
- Was ist die Botschaft dieser Krankheit?
- Was möchten Sie in diesem Leben noch erleben?
- Was würde Ihnen noch mehr Erfüllung bringen?
- Was wäre vielleicht die Krönung dieses Lebens?
- Was sind Sie bereit, dafür zu tun?

Mein Hausarzt ist seit über 30 Jahren der »Doktor von Selbst«. Er schickt nie eine Rechnung, ist Tag und Nacht erreichbar und bringt die Dinge in unglaublich kurzer Zeit in Ordnung. Durch ihn weiß ich, dass Krankheiten überhaupt keine Krankheiten sind, sondern die notwendige Folge einer unnatürlichen Verhaltensweise.

Wir erleben gerade den Beginn der dritten großen Ära der Medizin. In der ersten Ära erlagen die Menschen Krankheiten wie Pest, Cholera, Schwindsucht. In der zweiten Ära starben die Menschen an Krebs, Herzerkrankungen, Schlaganfall, Lungenentzündung, Diabetes und Aids. Die dritte Ära der Medizin ist die der Prävention.

Wir erkennen, dass die meisten Krankheiten bei natürlicher Lebensweise vermeidbar sind. Wir suchen also nicht mehr nach Heilung, sondern nach einer geeigneten natürlichen prophylaktischen Lebensweise. Leider erfolgt der Übergang in diese dritte Ära der Supergesundheit bis ins hohe Alter nicht von alleine, jeder muss selbst die notwendigen Schritte tun.

Aber das Schöne ist, die Natur verzeiht sofort. Kaum ein Atom dieses Körpers ist älter als ein Jahr. Überlegen Sie einmal, was das heißt: Sie bekommen jedes Jahr einen neuen Körper! Wenn Sie heute anfangen, für diesen Körper, für diese neuen Zellen das Richtige zu tun, sie in einem optimierten Bewusstsein zu empfangen, dann haben Sie in einem Jahr einen strahlend gesunden neuen Körper.

Also fangen Sie einmal an, positiv zu erträumen, was Sie gerne vom Leben hätten. Und dann stellen Sie sich vor, Sie haben es. Sie werden es bekommen. Sie müssen nur bestellen. Sie können jetzt also Ihr ganzes Leben umträumen. Und das sollten Sie in diesen nächsten 21 Tagen tun.

Das erinnert mich an die Geschichte von dem Mann, der unermüdlich betete: »Herr, lass mich doch einmal das große Los gewinnen«, und nichts passierte. Und eines Tages, nach 20 Jahren, als er immer noch gläubig betete: »Herr, schenk mir doch einmal das große Los«, da öffnete sich der Himmel und eine Donnerstimme rief: »Dann gib mir doch endlich mal eine Chance und kauf dir ein Los!«

Wenn wir etwas ändern wollen, dann sollten wir die Voraussetzungen dafür schaffen. Schaffen Sie die Voraussetzung für Gesundheit, machen Sie sich Ihren Körper bewusst: Das Baujahr Ihres Körpers müssen Sie akzeptieren, auch Ihre genetische Disposition. Aber was Sie mit Ihrer Lebensführung daraus machen, das liegt ganz in Ihrer Hand.

Sie können Ihr biologisches Alter verzögern oder beschleunigen, Sie können es sogar teilweise rückgängig machen. Die so genannten Alters- und Verschleißkrankheiten kommen weder vom Alter noch vom Verschleiß. Sie sind die Rechnung für die Jugendsünden. Sie haben also nur insofern etwas mit dem Alter zu tun, als sie zu ihrer Entwicklung Jahrzehnte brauchen und deswegen meist erst im Alter auftreten. Das Alter ist also nicht schuld an den Alterskrankheiten. Im Tagebuch unseres Körpers steht unsere Lebensgeschichte.

Machen Sie sich bewusst: Wenn wir geboren werden, hat dieser Körper eine natürliche Lebenserwartung von etwa 120 bis 130 Jahren. Durch unnatürliche Verhaltensweisen und Lebensgewohnheiten wird laufend etwas von diesem Lebenserwartungskonto abgebucht. Jeder Ärger, jeder Stress, jede Angst verbraucht einen Teil unserer Lebenserwartung. Haben Sie sich schon mal geärgert? Schon häufig? Eigentlich täglich? Sie sollten damit aufhören, es ist Ihre Entscheidung. Durch Ärger wird einiges abgebucht.

Das Schöne ist: Sie können auch wieder auf Ihr Lebenserwartungskonto einzahlen, selbst wenn Sie schon ordentlich abgebucht haben. Das Zauberwort heißt Prävention.

Die sieben Grundlagen der Gesundheit

Unsere Gesundheit ruht auf sieben Stützen, die wir uns im Folgenden genauer ansehen wollen:

1. Ernährung

Frische natürliche Nahrung und Nahrungsergänzungsmittel. Zu diesem Bereich gehört es auch, sein Idealgewicht zu erreichen und zu halten. Wenn wir das Notwendige dafür tun, wird es plötzlich ganz leicht, und wir essen lustvoll.

2. Reinigung der Innenwelt

Dazu gehört die Entsäuerung, aber auch das positive Denken, die Psychohygiene. Verlernen Sie, sich zu ärgern, seien Sie gut gelaunt. Sie haben jeden Morgen die Wahl: Mit welcher Laune gehe ich durch diesen Tag? Ich frage mich das jeden Morgen, und ich entscheide mich immer für gute Laune. Das können Sie auch. Das macht Ihnen mehr Freude und das macht anderen mehr Freude. Es ist Ihre Wahl.

3. Bewegung

Das heißt nicht stundenlanges Joggen mit hochrotem Kopf. Es ist gar nicht so gut, wie immer gesagt wird, da es nämlich auf die Gelenke geht. Allein schon sich morgens im Bett systematisch zu räkeln ist eine gesunde Körperbewegung. Das bedeutet aber nicht, nur mal eben so ein bisschen, sondern ein paar Minuten lang. Sie werden merken, das ist wie eine innere Dusche. Sie werden wach und fühlen sich wohl. Sie brauchen nur mal einer Katze oder einem Hund zuzuschauen, wie die das machen. Sie sind wunderbare Lehrer für das lustvolle Stretching, sie nehmen sich Zeit dafür. Strecken Sie sich öfter am Tag oder, wenn Sie wenig Zeit haben, einmal am Tag intensiv.

Probieren Sie mal das Trampolinschwingen. Nicht das Herumspringen, denn das ist gar nicht so gut. Sie sollten schwingen. Schwingen heißt, die Füße bleiben immer auf dem Trampolin stehen. Sie schwingen nur leicht und der Wechsel der Schwerkraft massiert Ihre Zellen. 80 Billionen Zellen werden zweimal pro Sekunde massiert, und das regt ihren Stoffwechsel an. Nichts ist intensiver, als dies zehn Minuten am Tag zu genießen. Sogar die Nato nutzt dies für ihre Astronauten als optimalen Weg, den gesamten Körper zu trainieren.

Wenn Sie mindestens hundert Jahre alt werden und dabei gesund bleiben wollen, brauchen Sie entsprechende Bewegung. Sie sollten sie in Ihren Alltag einbauen. Eine einfache Sache ist zum Beispiel ein Fitnessstudio, das Sie alle zu Hause haben, das nichts kostet und 24 Stunden am Tag geöffnet ist: das Treppenhaus. Sie sollten am Tag 800 Stufen steigen. Rauf oder runter, das ist ganz gleich.

Eine andere Form der Bewegung ist das Tanzen. Sie hören gute Musik, Sie haben einen sympathischen Menschen im Arm und bewegen sich im aeroben Bereich. Was will man noch mehr?

Sie können nur durch Bewegung schlank werden. Denn Fett kann nur im Muskel verbrannt werden. Wenn wir jung sind, haben wir 90 Prozent fettverbrennende Enzyme und 10 Prozent zuckerverbrennende Enzyme. Mit 17 konnten Sie sich abends voll stopfen, dass die »Arme abstehen«. Dann sind Sie ins Bett gegangen und hatten morgens ein halbes Pfund abgenommen. Mit den Jahren und durch den Bewegungsmangel kehrt sich die Situation um. Wir haben irgendwann im Alter 90 Prozent zuckerverbrennende Enzyme und 10 Prozent fettverbrennende Enzyme. Wir haben Hunger, weil die 90 Prozent zuckerverbrennenden Enzyme Zucker brauchen. Also nehmen wir eine Tafel Schokolade oder gleich noch einen Schokoriegel zu uns und heben den Zuckerspiegel. Aber das Sättigungsgefühl hält nur eine halbe Stunde an, dann hat das Insulin den Zuckerspiegel wieder heruntergeregelt, und wir haben erneut Hunger. Das Fett ist überhaupt nicht angerührt worden.

Um Fett abzubauen, sollten Sie sich viel bewegen, und zwar am besten fünfmal die Woche für etwa 30 Minuten. Sie können alles machen: Laub rechen, Tanzen, Trampolin schwingen, Treppen steigen, Powerwalken usw. Wenn das für Sie neu ist, fangen Sie bitte ganz langsam an, denn Sie müssen im aeroben Bereich bleiben, Sie dürfen nicht außer Atem kommen, sonst nützt es gar nichts, sonst wird kein Fett verbrannt. Fett wird nur verbrannt, wenn genügend Sauerstoff da ist.

Die Sporthochschule Köln hat vor einiger Zeit im Volkspark einen Test durchgeführt und die Jogger angehalten, die da am Sonntag etwas für ihre Fitness tun. Man bot ihnen an, kostenlos testen zu lassen, ob sie sich im aeroben Bereich befinden. Das Ergebnis: Alle 50 getesteten Personen waren im anaeroben Bereich. Sie hätten also genauso gut zu Hause vorm Fernseher sitzen bleiben können.

Langsam anfangen heißt beim Joggen, eine Minute lang ganz langsam laufen, fast auf der Stelle. Sie kommen dann knapp 100 Meter weit, bis die Minute um ist. Am nächsten Tag joggen Sie zwei Minuten und dann jeden Tag eine Minute länger. Diese Steigerung merken Sie überhaupt nicht und Sie bleiben die ganze Zeit im aeroben Bereich. Nach einem Monat sind Sie bei 30 Minuten.

Diese Zeit im aeroben Bereich reicht aus, der Körper beginnt dann schon, die enzymatische Situation umzukehren. Sie haben nach drei Monaten wieder einen Stoffwechsel mit

90 Prozent fettverbrennenden Enzymen und 10 Prozent zuckerverbrennenden Enzymen.

Mit anderen Worten, Sie schlafen sich wieder schlank. Sie nehmen tatsächlich sogar ab, während Sie gar keinen Sport machen, weil die enzymatische Situation in Ihrem Körper ständig Fett verbraucht. Und das ist vielleicht das wichtigste Dankeschön Ihrer Muskeln, wenn Sie ein konsequentes Bewegungsprogramm durchfuhren. Prüfen Sie also, ob Sie bereit sind, diesen Punkt in Ihr Gesundheitsprogramm aufzunehmen.

4. Entspannung und Schlaf

Unterschätzen Sie den Schlaf nicht, genießen Sie ihn. Die Übung »In sich selbst ruhen« hilft Ihnen, in Ihre Mitte zu finden.

5. Erfolg und Wohlstand

Das mag Sie erstaunen. Diese fünfte Stütze ist auch kaum jemandem als Gesundheitsfaktor bekannt. Es gibt ein Sprichwort: Wenn du arm bist, musst du früher sterben. Und das stimmt tatsächlich: Wenn Sie die Statistiken ansehen, werden Sie bemerken, das Wohlstand lebensverlängernd wirkt, vor allem aber der Erfolg.

Wenn Sie erfolglos sind, ist es sehr schwer, gesund zu bleiben. Es frustriert einfach, erzeugt Spannungen und Niedergeschlagenheit, die Krankheiten begünstigen.

6. Eine harmonische Beziehung

Die alte Volksweisheit »Liebe ist die beste Medizin« ist jetzt durch neue Untersuchungen wissenschaftlich bestätigt worden. Unabhängig voneinander stellten Wissenschaftler aus Deutschland, Israel und England fest, dass es direkte Zusammenhänge zwischen Sexualität, Liebe und Gesundheit gibt.

Menschen, die intensiv lieben, leben gesünder und bis zu zehn Jahre länger als andere. Das hat nach Erkenntnissen der Forscher viel mit Sex und Leidenschaft zu tun, doch ebenso wichtig für körperliches Wohlbefinden sind Vertrauen, Verständnis, Sanftmut, innere Harmonie und das Gefühl, sich in Krisenzeiten auf den anderen verlassen zu können. Werden diese Bestandteile einer Partnerschaft brüchig oder gar zerstört, drohen typische »Liebeskrankheiten« wie Migräne, Magengeschwüre, Rückenschmerzen, Asthmaanfälle und Herzrhythmusstörungen.

Dass Liebe gesund ist und das Leben verlängern hilft, bestätigte jetzt auch der englische Mediziner Dr. M. Wagner von der Weltgesundheitsorganisation (WHO), der sagt, dass die moderne Medizin jahrelang die Heilkräfte der Liebe vergessen hat. Seine Bilanz: »Gute Freunde und Zufriedenheit im Sexualleben sind wichtiger für die Gesundheit als gutes Essen, ausreichend Bewegung, Alkohol- und Zigarettenverzicht. Also umarmt euch einmal täglich und bleibt im Gespräch. Denn Schweigen ist der Todfeind jeder Partnerschaft.«

7. Bewusstes Sein

Das heißt letztlich auch, die Botschaft des Körpers zu verstehen und zu befolgen, ein erfülltes Leben zu leben und vom Beruf zur Berufung zu gelangen.

Subtile Selbstmordmethoden

Es gibt viele Selbstmordmethoden, die wir praktisch täglich anwenden. Eigentlich brauchen wir für unsere Gesundheit gar nichts tun, wir müssen nur aufhören, sie zu stören.

Rauchen ist zum Beispiel eine dieser Selbstmordmethoden, die zuverlässig klappt. Man kann es nett ausdrücken: Jede Zigarette bringt mich Gott näher.

Dann gehört natürlich auch übermäßiger Konsum von Alkohol hierhin. Alkohol ist ein langsam wirkendes Gift, das in seinen Auswirkungen gern unterschätzt wird.

Auch eine ungebremste Kalorienzufuhr ist eine Selbstmordmethode: Selbstmord mit Messer und Gabel. Das muss nicht sein. Allein, wenn Sie das Abendessen weglassen und ansonsten Ihre Nahrung gründlich kauen, können Sie Ihre Traumfigur fast nicht mehr vermeiden. Wenn Sie dann noch L-Carnitin zu sich nehmen, haben Sie es geschafft.

Eine andere Selbstmordmethode ist mangelnde Bewegung, eine weitere, sich zu ärgern oder stressen zu lassen.

Eine andere, noch weiter verbreitete, ist negatives Denken oder noch schlimmer: ein negatives Selbstbild. Machen Sie sich immer wieder bewusst: Was halten Sie von sich? Stellen Sie sich vor, Sie würden sich selbst irgendwo in einer Gesellschaft begegnen und würden sich vorgestellt werden: Würden Sie sich gerne näher kennen lernen wollen?

Auch eine hektische Lebensweise ist eine Selbstmordmethode. Ebenso ein disharmonisches oder ein liebloses Nebeneinander in Beziehungen allgemein und speziell in der Partnerschaft. Der falsche Beruf über lange Zeit kann eine Selbstmordmethode sein.

Auch die Übersäuerung des Körpers ist eine Selbstmordmethode.

Dann gibt es natürlich auch Mitmenschen, die wie Krankheitserreger und Lebenszeiträuber wirken. Aber in Wirklichkeit ist die eigentliche Störung meine Abneigung und mein Widerstand gegen sie.

Und was lehne ich ab? Immer das, was ich in mir nicht bewältigt habe, wo ich meine Hausaufgaben nicht gemacht habe. Wenn der andere mir das vor Augen führt, dann gehe ich leicht in den Widerstand.

Sehr weit verbreitet ist der Flüssigkeitsmangel. Mit zunehmendem Alter verschwindet der Durst und ältere Leute sagen, dass sie nicht mehr so viel trinken wie früher. Sie meinen, ein Liter würde reichen. Das stimmt nicht: Sie vertrocknen innerlich, ohne es zu merken. Wenn Sie weniger als zwei Liter Flüssigkeit am Tag zu sich nehmen, begehen Sie langsam wirkenden Selbstmord. Und beachten Sie dabei: Nur gutes Wasser und Kräutertees gelten in diesem Sinn als Flüssigkeit, nicht etwa Kaffee, Bier, Cola oder Saft.

Weitere Selbstmordmethoden: Negatives Lesen, Hören oder Anschauen. Wie oft hat Ihnen jemand etwas erzählt, was Sie gar nicht hören wollten. Ich unterbreche solche Menschen, die nur etwas Negatives loswerden wollen, dann sofort und frage immer: »Warum erzählen Sie mir das?« Lassen Sie es nicht mehr zu, dass Sie als Mülleimer benutzt werden, dass etwas Negatives in Ihr Bewusstsein gekippt wird.

Eine andere Selbstmordmethode ist Einsamkeit, Langeweile, das Gefühl der Sinnlosigkeit. All das verschwindet ganz von selbst, wenn Sie sich Ihrer selbst bewusst sind. Stellen Sie sich einmal vor, Sie ruhen in Ihrem Selbst: Dort ist Langeweile völlig ausgeschlossen! Sie können auch nicht im Ich-Bin-Bewussstein sein und gleichzeitig Angst haben. Sie können sich in diesem Bewusstsein auch nicht ärgern. Sobald Sie in diesem Bewusstsein sind, tun Sie automatisch die Dinge, die zu Ihnen gehören.

Die meisten Menschen machen eine Sache falsch. Sie sehen irgendwann ein, dass sie etwas ändern müssen und dann fangen sie mit dem Schwersten an, weil sie meinen, dass es das Wichtigste sei. Zum Beispiel versuchen sie, sich das Rauchen abzugewöhnen. Dann scheitern sie und geben ganz auf, in dem Bewusstsein, dass es doch nicht klappt und alles keinen Sinn hat.

Mein Rat ist: Fangen Sie dort an, wo es Ihnen am leichtesten fällt, suchen Sie keine großen Schwierigkeiten. Suchen Sie sich von allen Punkten das Leichteste aus, das, was Ihnen gar nichts ausmacht. Einen Apfel am Tag zu essen, das würde Ihnen eventuell leicht fallen. Damit könnten Sie beginnen und würden es auch leicht über lange Zeit durchhalten. Wenn Sie also einen kleinen Gesundheitsplan ausarbeiten, fragen Sie sich, was Ihnen leicht fällt. Wichtig ist, dass Sie beginnen. Heute.

Abbuchungen vom Lebenskonto

Wodurch werden Jahre von Ihrem Lebenskonto abgebucht? Da gibt es einige Ursachen: Ärger und Stress beispielsweise. Vielleicht wenden Sie ein, dass Sie daran gar nichts ändern können, da der andere Sie ärgert. Doch der andere kann Sie nicht ärgern. Noch nie hat ein Mensch einen anderen geärgert. Das ist nicht möglich. Der andere kann irgendetwas tun, doch ärgern müssen Sie sich schon selbst. Deswegen sagen Sie ja auch: »Ich hab mich über den geärgert.« Gleichgültig, worüber Sie sich jemals geärgert haben, der Grund Ihres Ärgers bleibt bestehen, Sie könnten sich gleich wieder ärgern. Mit anderen Worten: Ärger hat keine wirklichkeitsverändernde Wirkung. Er stört nur Ihre Gesundheit.

Also könnten Sie sich das Ärgern abgewöhnen. Vielleicht ist das innerliche Umerleben ein Weg dazu. Es ist ein sehr wirkungsvolles Instrument. Wann immer Sie sich einmal geärgert haben, spulen Sie den Film zurück und erleben Sie das Gleiche noch einmal in Ihrer Vorstellung. Gehen Sie ganz souverän mit der Situation um. In der Vorstellung ärgern Sie sich nicht, Sie bleiben ruhig und gelassen, tun das Notwendige, um die Lage zu ändern, und erleben alles so, wie Sie es gerne hätten. Das wiederholen Sie 21-mal, und schon haben Sie diese Art des Ärgers umerlebt. Sie werden noch ein paar andere Gründe für Ärger finden, aber auch die können Sie sich auf diese Weise abgewöhnen.

Ein anderer Schritt, die Abbuchungen vom Lebenskonto zu stoppen, ist natürlich, die Symptome des Körpers zu beachten und verstehen zu lernen. Das Symptom ist nicht die Krankheit. Wenn wir zum Arzt gehen, bekommen wir eine Diagnose. Er sagt uns dann den lateinischen Spitznamen unseres Symptoms, und wir meinen, jetzt zu wissen, was wir haben. Worum es wirklich geht, ist aber, die Botschaft des Symptoms zu verstehen.

Statt die Botschaften der etwa 44 000 bekannten Krankheiten auswendig zu lernen, können Sie in wenigen Minuten den Schlüssel verstehen, und dann können Sie jedes Symptom selbst übersetzen. Jede dieser Botschaften besteht nämlich aus drei Teilen: dem Ort der Erkrankung, der Art der Erkrankung und dem Zeitpunkt der Erkrankung.

Zum Beispiel Hexenschuss, also Schmerzen, die vom Ischiasnerv ausgehen: Der Ort ist die Wirbelsäule. Jetzt überlegen wir, was sagt uns die Wirbelsäule? Wozu haben wir sie? Um aufrecht stehen zu können. Also hat die Erkrankung etwas mit Haltung, mit innerem Halt zu tun. In diesem Bereich ist also etwas nicht in Ordnung. Es ist der vierte Lendenwirbel, der sich ganz unten befindet. Die Botschaft lautet also: In meiner Grundhaltung wird mir eine Fehlhaltung vom Körper schmerzhaft bewusst gemacht. Und jetzt kann ich überlegen, was ich in meiner Grundhaltung ändern sollte. Wir sind da immer etwas betriebsblind und können deswegen so eine Botschaft oft nicht nachvollziehen. Aber der Körper kann nicht lügen.

Die Hälfte der Patienten, denen ich die Symptome auf diese Weise übersetzte, glaubten, dass dies bei ihnen nicht zuträfe. Ich musste sie dann immer belehren, dass der Körper ihr Spiegelbild darstellt – und ein Spiegelbild nicht lügen kann.

Wenn Sie sich morgens beim Blick in den Badezimmerspiegel nicht gefallen, dann kann der Spiegel nichts dafür. Der spiegelt einfach nur, was ist. Um die Botschaft Ihres Symptoms zu verstehen, können Sie in den Spiegel Ihrer Umwelt, Ihrer Mitmenschen schauen. Fragen Sie mal Ihren Partner: »Du, meine Grundhaltung soll nicht stimmen, kannst du dir vorstellen, was das sein könnte?« Seien Sie nicht überrascht, wenn die anderen sich das sofort vorstellen können. Sie helfen Ihnen, Ihre Betriebsblindheit zu beseitigen. Vielleicht haben Sie eine negative Grundhaltung. Vielleicht sind Sie ein

Pessimist und für den ist natürlich eine negative Grundhaltung normal.

Oft beseitigen wir ein Symptom, wir beseitigen die Botschaft, kennen aber die Ursache nicht. Und wenn wir die nicht beseitigen, zwingen wir den Körper, uns eine neue Botschaft zu schicken. Es verhält sich ähnlich wie mit der Ölkontrolllampe im Auto. Wenn die aufleuchtet, ist sie ja nicht kaputt, sondern sie zeigt, dass sie funktioniert. Um die Ölkontrolllampe brauchen wir uns nicht zu kümmern, sie sagt nur: Es fehlt Öl. Da verstehen Sie die Botschaft sofort und füllen genügend Öl nach. Sie würden auch nicht auf die Idee kommen, die Birne der Ölkontrolllampe herauszudrehen, um das Problem zu beheben!

Aber mit Ihrem Körper – den Sie nicht gebraucht verkaufen können, wenn Sie ihn ruiniert haben –, machen Sie genau das: Sie drehen die Warnlämpchen heraus, Sie stellen die Symptome ab. Sie sprudeln den Schmerz weg, so wie in der Werbung. Natürlich ist damit überhaupt nichts gelöst.

Das alterslose Bewusstsein des eigenen Selbst – der ewige Jungbrunnen

Die so genannten Alterskrankheiten haben, wie schon gesagt, nur insofern etwas mit dem Alter zu tun, als sie zu ihrer Entwicklung Jahrzehnte brauchen und deshalb meist erst im Alter ausbrechen. Früher sind die Leute gestorben, bevor sie die Quittung für ihre Jugendsünden bekamen. Heute werden wir älter und erleben das, was wir angerichtet haben. Wir sprechen immer vom Jüngsten Gericht. Ich glaube, in jedem Augenblick erleben wir das Jüngste Gericht. Das, was wir bisher verursacht haben, damit werden wir konfrontiert.

Es ist keineswegs Schicksal, im Alter krank zu sein. Es ist nicht einmal Schicksal, im Alter alt zu sein. An jedem Geburtstag werden wir gefragt, wie alt wir geworden sind, und damit richten wir unsere Aufmerksamkeit in die falsche Richtung. Wir übernehmen die Vorstellung, dass wir jetzt älter geworden sind. Ich habe irgendwann beschlossen, da nicht mehr mitzumachen und werde einfach jedes Jahr jünger. Jedes Jahr, das ich lebe, habe ich die Chance, einen jüngeren besseren, neueren Körper zu bekommen. Der Geburtstag betrifft ja nur das Baujahr des Körpers, hat mit mir eigentlich nichts zu tun. Wenn mich jemand fragt, wie alt ich bin, dann sage ich regelmäßig: »Ich habe kein Alter. Ich war schon immer und werde immer sein.«

Wenn jemand das Baujahr des Körpers meint, dann können wir das Alter nennen. Aber was hat das mit Ihnen zu tun? Was hat es mit Ihnen zu tun, wie alt Ihr Auto ist oder wie lange Sie Ihren Wintermantel schon haben? Wenn Sie eines Tages diesen Körper verlassen, werden Sie sehen, Sie haben überhaupt kein Interesse an dem Körper. Sie stehen daneben. Die erste Überraschung ist, dass Sie immer noch leben und dass Sie noch nie so lebendig waren. Da sehen Sie Ihren Körper liegen und haben überhaupt kein Interesse mehr daran.

Die Zeit arbeitet nicht gegen, sondern für Sie. Fangen Sie heute an, jeden Tag einen Tag jünger zu werden. Denn in jeder Sekunde können 10 000 neue Zellen entstehen. Diese sind jung und zu allem fähig. Aber wenn sie gleich von einem alternden Bewusstsein empfangen werden, dann übernehmen sie sofort diese Prägung und altern. Wenn Sie die

Chance nutzen, mit einem jungen Bewusstsein diese Zellen zu empfangen, werden Sie in jeder Sekunde um 10000 junge Zellen jünger.

Ihr wahres Wesen hat kein Alter, es wird weder geboren noch kann es sich ein Bein brechen oder eine Lungenentzündung kriegen noch kann es alt werden und sterben. Bewusstsein *ist.* Deswegen ist es ein wahrer Jungbrunnen, »zu Bewusstsein zu kommen«, seine Identifikation mit dem Körper zu lösen und sich mit seinem wahren Wesen zu verbinden. Sagen Sie doch ab jetzt nur noch »Ich« zu dem, der Sie wirklich sind, nämlich zu Ihrem Selbst. Und meinen Sie nie wieder den Körper, den Verstand, das Unterbewusstsein, die Seele, das Bein, sondern meinen Sie den, der Sie wirklich sind!

Spüren Sie einmal genau hin: Was können Sie von Ihrem Selbst spüren? Das erste, was Sie spüren, ist: Dieses Selbst hat kein Alter. Es ist nie geboren worden.

Und jetzt können Sie zwei ganz entscheidende Schritte tun: Loslassen und Annehmen. Erst einmal lösen Sie sich aus der Identifikation mit diesem Körper. Sagen Sie: »Das ist mein Körper« und nicht: »Das bin ich.« Und jetzt machen Sie sich bewusst, wer das sagt: Sie selbst. Sie *haben* diesen Körper. Und so verlagern Sie das Gewicht und lösen Ihre Identifikation mit »meinem« Körper, »meiner« Seele, »meinem« Unterbewusstsein, »meinem« Geist auf und werden sich des Besitzers bewusst. Sie kommen von den vielen Identifikationen zu Ihrer wahren Identität.

»Ich bin – ich bin – ich bin ich selbst. Ich bin weder geboren, noch kann ich sterben, noch kann ich alt werden, noch kann ich krank werden. *Ich bin!*«

Sagen Sie nie wieder »Ich habe Schnupfen« oder »Ich habe die Grippe« oder was auch immer. Das haben Sie nicht. Wenn Sie das sagen, gehen Sie in die Identifikation mit dem, der den Schnupfen hat, mit Ihrem Körper, und schon sitzen Sie in der Falle. Dann sind Sie krank – zumindest in Ihrer Vorstellung. Und ein Kranker kann nicht gesund werden, sonst wäre er ja nicht mehr krank. Auch wenn ich sage »Mein Körper hat Schnupfen«, bleibe ich in der Identifikation. Wenn ich aber sage »Mein Körper hat Schnupfen, ich aber bin gesund«, geschieht ein Wunder. In dem Augenblick bewohnt ein gesundes Bewusstsein diesen Körper, der Schnupfen hat. Was meinen Sie, was der Schnupfen macht? Maximal eine Stunde, und er ist weg.

Die Heilung geschieht, weil dieses gesunde Bewusstsein jede Zelle dieses Körpers erfüllt. Wenn das natürliche Heilsein diesen Körper erfüllt, dann kann er nicht unheil sein, das heißt, Heilung geschieht ganz natürlich.

Jesus hat einmal gesagt: »Ihr allesamt seid schlafende Götter.« Das ist nicht nur eine Feststellung, das ist natürlich auch ein Auftrag. Denn er hat gesagt: »Ihr sollt vollkommen sein, wie der Vater im Himmel vollkommen ist.« Er hat nicht gesagt: »Ihr sollt vollkommen werden.« Wenn wir das hören, dann denken wir immer: »Ja, Vollkommenheit, das ist noch ein langer Weg, da habe ich noch manchen Schritt zu tun, das dauert noch, da bin ich noch weit entfernt!« Doch genau das hat er nicht gesagt, denn er kannte die Wirklichkeit. »Ihr sollt vollkommen sein, wie der Vater im Himmel vollkommen ist.« Vollkommen kann man nämlich nicht werden. Ein Unvollkommener hat keine Chance, jemals vollkommen zu werden: Das geht nicht. Vollkommen kann man nur sein, und sein kann man es nur durch Erinnerung. Ich erinnere mich wieder an mein wahres Wesen und dann spüre ich, dass ich am Ziel bin. Ich bin alterslos. Ich war noch nie krank. Ich kann überhaupt nicht krank werden. Ich kann natürlich auch nicht alt werden und natürlich werde ich auch nie sterben, ich bin ja nie geboren worden.

Wenn ich in diesem Bewusstsein lebe, wenn ich mit diesem Bewusstsein meinen Körper erfülle, dann beginnt er im gleichen Augenblick dieses Bewusstsein widerzuspiegeln und diesem Bewusstsein zu entsprechen. Sie können sich vor den Spiegel setzen und zuschauen, wie Sie jünger werden. Also lassen Sie sich nie mehr einreden, dass Ihr Körper jedes Jahr ein Jahr älter wird, denn der Körper ist nie älter als ein Jahr. Lösen Sie sich von der Vorstellung, dass Sie alt werden.

Verlängern Sie Ihr Leben, und stärken Sie Ihre Organfunktion

Es geht darum, das normale Lebensvergeudungsprogramm zu stoppen und die Lebenszeit als unser wichtigstes Kapital optimal zu nutzen.

Ich werde nie einen Tag beginnen, nicht mal einen Fuß aus dem Bett setzen, bevor ich nicht zu Bewusstsein gekommen bin. Auch Sie sollten sich morgens nicht vom Wecker wecken lassen, sondern rechtzeitig ins Bett gehen und den inneren Wecker stellen, indem Sie sich vorm Einschlafen die Aufwachzeit vorstellen. Dann erwachen Sie rechtzeitig und auf natürliche Weise. Dann haben Sie Zeit, ganz bewusst zu sich zu kommen und sich an sich selbst zu erinnern. Und dann gehen Sie ganz bewusst als Sie selbst in diesen Tag. Wenn Sie im erwachten Bewusstsein am Frühstückstisch sitzen und zusätzlich noch etwas Gutes essen, dann zahlen Sie auf Ihr Lebenskonto ein und genießen es auch noch. Das macht sehr viel mehr Freude.

Morgens sollten Sie zudem eine »Lichtdusche« nehmen: Stellen Sie sich vor, da kommt aus Ihrem Duschkopf nicht nur Wasser, sondern auch Licht. Das Wasser reinigt Sie außen, das Licht durchdringt Sie und reinigt Sie auch innen. Nehmen Sie ganz bewusst jeden Morgen eine Lichtdusche, ruhig ein bisschen länger, bis alles innen und außen sauber ist.

Eine wichtige lebensverlängernde Gewohnheit zum Beispiel ist liebevolles Miteinander. Liebevolles Miteinander bezieht sich nicht nur auf den Partner, sondern auf jeden, der Ihnen begegnet, auch auf den, der Ihnen nicht so sympathisch ist. Dieser ist wieder Ihr Trainer, um Ihnen zu zeigen, dass Sie sich nicht in diese negative Energie hineinziehen lassen müssen. Dann heben Sie sogar den anderen energetisch etwas an, weil der andere sich nach dem Gesetz der Resonanz verändern muss, wenn Sie energiegeladen bleiben. Die Energien passen sich aneinander an. Sie sind jedem eine Chance, der Ihnen begegnet. Und jeder ist Ihnen eine Chance. Entweder er macht Ihnen das Geschenk seiner guten Laune, seiner erhobenen Energie, seines klaren Bewusstseins, oder Sie sind ein Geschenk für ihn.

Sie haben also unzählige Möglichkeiten, im Laufe des Tages etwas auf Ihr Gesundheitskonto einzuzahlen. Der erste Schritt ist, dass Sie nicht mehr unnötig abbuchen. Jedes Mal, wenn der Wecker klingelt, und Sie werden wach, haben Sie etwas abgebucht, jedes Mal, wenn Sie eine Zigarette rauchen, haben Sie abgebucht.

Hilfreich ist, wenn Sie sich eine Liste Ihrer Lebensgewohnheiten machen. Schreiben Sie alles auf, was Ihnen dazu einfällt. Notieren Sie in Ihrem 21-Tage-Buch vor allem, wann Sie von Ihrem Lebenskonto abbuchen, beobachten Sie sich den ganzen Tag. Die folgenden Fragen können Sie leiten:

- Wie sieht mein Tag aus?
- Wie wache ich auf?
- Oder gehen Sie noch einen Schritt weiter: Als wer wache ich auf?
- Wie frühstücke ich, was esse ich? Wer frühstückt da morgens?

Wenn Sie Ihre Lebensgewohnheiten im Tagebuch festgehalten haben, dann machen Sie ein Plus bei den Gewohnheiten, die das Leben verlängern und ein Minus hinter denen, die es eher verkürzen.

Im nächsten Schritt entscheiden Sie, welche der Gewohnheiten, die Ihr Leben verkürzen, Sie zuerst streichen wollen. Pflegen und verstärken Sie die lebensverlängernden Gewohnheiten.

Stellen Sie sich einmal vor, Sie hätten einen ganz jungen Körper. Ihre Arterien enthalten weniger Cholesterin als die eines Teenagers, Sie haben so viel Energie, dass Sie vor Kraft kaum laufen können, Sie haben so gut wie nie Kopfschmerzen, Gelenkbeschwerden oder Verdauungsprobleme, Sie machen sich überhaupt keine Sorgen, Sie sehen jünger aus als noch vor einem Jahr, Ihr Denkvermögen, Ihr Gedächtnis ist messerscharf, Sie haben kein Gramm Fett zu viel am Körper und fühlen sich in sich richtig wohl. Das alles ist möglich.

Jedes wirkungsvolle Gesundheitsprogramm sollte damit beginnen, dass Sie das zunächst einmal loslassen, was dauernd Abbuchungen vom Lebenskonto hervorruft. Das sind noch einmal zusammengefasst: Ärger, Angst, Stress, negatives Denken, ungenügende Bewegung, unnatürliche Ernährung, Rauchen, Alkohol, Mangel an Vitaminen und Spurenelementen oder unnötige Übersäuerung und dadurch Entmineralisierung des Körpers, zu wenig Flüssigkeit, zu viel Zucker und Salz, hohe Cholesterinwerte, unzureichende Sauerstoffversorgung, flache Atmung, mangelnder Schlaf, natürlich auch Aggression, Neid, Wut, Hast, Leben ohne Sinn, Mangel an Freude, Erfolglosigkeit, Übergewicht, Sorgen, Minderwertigkeitsgefühle oder Selbstablehnung. Wie viele Menschen leben in diesem Bewusstsein, sich selbst nicht zu mögen!

Sie können all diese Dinge loslassen, die Sie während der Übung oben als schädlich erkannt haben. Es ist eine Form der Gesundheitserziehung, die in Zukunft einen immer größeren Raum einnehmen und letztlich die entscheidende Rolle in unserem Gesundheitssystem der Zukunft spielen wird.

Gesundheit ist sehr viel mehr als nur die Abwesenheit von Krankheit. Wahre Gesundheit heißt nicht nur, keine Symptome zu haben, sondern auch Lebensfreude, Vitalität, Energie. Die eigentliche Krankheit ist ja nur das letzte Glied einer langen Kette von Unwissenheit und falschem Bewusstsein und falschem Verhalten.

Es gibt eine wissenschaftlich bestätigte Möglichkeit, sein Leben drastisch zu verlängern, und trotzdem machen nicht viele Gebrauch davon: Kalorien verkürzen. Wenn Sie weniger Kalorien zu sich nehmen, entstehen weniger Stoffwechselprozesse, dadurch entstehen weniger freie Radikale und weniger Schäden im Körper, die repariert werden müssen. Ich habe es ausprobiert und kann es Ihnen nur empfehlen. Der erste Schritt ist, bis zum Mittag nur Obst zu essen und viel Flüssigkeit zu trinken. Das Obst sollte übrigens immer nur auf nüchternen Magen gegessen werden.

Es ist sehr gut, jeden Tag einen Liter grünen Tee zu trinken. Grüner Tee hat viele Vorteile: Er enthält wichtige Antioxidantien und ein effizientes Verjüngungsmittel, weckt den Darm, aktiviert Ihr Immunsystem und macht Sie munterer.

Mein Rezept für den Abend heißt »Dinner Cancelling«, das Abendessen wird weggelassen. Das heißt nach fünf Uhr nachmittags nichts mehr essen. Damit reduzieren Sie die Kalorienzahl auf ganz natürliche Weise, und das hat viele Vorteile und verlängert Ihr Leben. Dinner Cancelling kann Ihre Lebenserwartung um zehn Jahre verlängern. Sie brauchen sich um Ihre Figur überhaupt nie mehr kümmern, alle Diäten können Sie vergessen. Das ist einfach die beste, weil es keinen Jojo-Effekt dabei gibt. Sie werden im Spiegel sehen, wie Sie jeden Tag schlanker werden. Sie schlafen besser, Sie sind wacher, Sie fühlen sich leichter, Sie schwingen wieder, haben mehr Freude am Leben.

Sie sehen, es gibt ganz einfache Möglichkeiten, was wir tun können, wenn wir bereit sind, etwas zu tun. Wenn Sie nur das tun würden, was ich Ihnen bis hierhin empfohlen habe, könnten Sie Ihr Leben schon um viele Jahre verlängern. Sie hätten schon mindestens 50 Prozent der Krankheiten, die Sie sonst bekommen könnten, vermieden. Sie hätten 50 Prozent mehr Energie und Vitalität.

Entscheidend ist wie immer nicht das Wissen, sondern das Tun: Also planen Sie, die eine oder andere Empfehlung in Ihr Leben einzubauen und sich zur Gewohnheit zu machen. Das ist der entscheidende Schritt. Wenn Sie nämlich wieder daran denken müssen, verlieren Sie es aus den Augen. Aber wenn Sie es 21-mal wiederholen, dann wird eine neue gesunde Gewohnheit daraus. Den Rest Ihres Lebens brauchen Sie nie mehr bewusst darauf achten. Sie brauchen sich nicht mehr darum zu kümmern, es ist Ihnen ein Bedürfnis geworden.

Das erkennbare Altern eines Menschen an Geist und Körper ist die Folge einer meist unbewussten, mentalen, psychischen und physischen Entscheidung. Es gibt wissenschaftlich keinen Grund zu der Annahme, dass eine zittrige Hand, ein unsicherer Gang und ein sich verengender geistiger Horizont ab einem bestimmten Alter unvermeidbar seien. Diese Symptome werden durch eine mangelnde geistige, körperliche Betätigung, vor allem aber durch mangelndes Bewusstsein verursacht, nicht durch ein bestimmtes Alter.

Entscheidend ist, ob unsere Überzeugungen positiv oder negativ wirken. Machen Sie sich bewusst: Ihre Überzeugungen sind entweder Ihr Lebenskapital oder Ihre Hypothek, die Sie abzahlen. Nur wenige erkennen, dass es ihre Überzeugungen sind, die ihr Leben gestalten. Wir aber können unsere Überzeugungen bestimmen. Ihr Körper spiegelt auch in diesem Augenblick Ihre Überzeugungen wider. Auch die scheinbar äußeren Faktoren wie Ärger, Stress usw. entstehen aus Ihren Überzeugungen und Ihrer Art, auf das, was geschieht, zu reagieren.

Legen Sie sich lebensverlängernde, gesunde Überzeugungen zu. Die Hauptüberzeugung ist: »Ich bin nicht mein Körper, mein Unterbewusstsein, meine Persönlichkeit: Ich bin.« Wer oder was aber sind Sie wirklich?

Bilden Sie Sätze, die mit »Ich bin …« anfangen. Sagen Sie es sich leise mit Ihren Worten. Und sagen Sie es sich nicht nur, vollziehen Sie es innerlich, verlagern Sie den Fokus dahin, lassen Sie die Worte zu Ihrem Bewusstsein werden. Als dieser ungetrennte Teil des einen Bewusstseins, als der Sie sich jetzt wahrnehmen, sollten Sie dieses Buch weiterlesen.

Alte krankmachende Überzeugungen sollten Sie loslassen. Was befürchten Menschen im Alter: allein zu sein, uninteressant zu sein, Hoffnungslosigkeit, Sinnlosigkeit, ein Leben ohne Inhalt, nicht gebraucht zu werden, Mitleid zu erregen, krank, hilflos, ausgeliefert zu sein, eine Last zu werden für sich und andere, den Tod und die Angst davor. Das Leben der meisten älteren Menschen wird bestimmt durch Angst vor …, Widerstand gegen …, Sehnsucht nach …, Verbitterung durch … und Erinnerung an … Und alles das zeigt: Ich bin nicht da, wo mein Leben stattfindet, nämlich in diesem Augenblick, sondern ich bin in der Vergangenheit oder einer noch gar nicht bestimmten Zukunft. Mit anderen Worten: Leben ist das, was bei den meisten Menschen geschieht, während sie anderweitig beschäftigt sind.

Anti-Aging, oder viel besser New Aging, besteht aus drei Schritten. Der erste Schritt ist das Loslassen, der zweite Schritt ist, etwas zu tun, und der dritte Schritt, selbst optimal zu sein.

Was können Sie loszulassen? Zum Beispiel das Übergewicht. Manche sind »etwas vollschön«, »gewichtige« Persönlichkeiten und könnten durchaus etwas von sich loslassen. Ich habe Ihnen mit Dinner Cancelling und »Obst am Vormittag« schon Wege gezeigt, wie Sie ganz leicht zu Ihrem Wohlfühlgewicht kommen. Aber Sie können es natürlich auch in Ihr Bewusstsein nehmen, dass Sie es sich nicht mehr unnötig schwer machen werden. Warum wollen Sie denn den ganzen Tag zusätzliche Pfunde mit sich herumschleppen? Sehen Sie zu, dass Sie Übergewicht loslassen, dass Sie ganz natürlich zu Ihrem Lieblingsgewicht finden und dabei bleiben – ohne Diät, ohne Hunger, ja ohne sich darum zu kümmern. Es gibt die Methode der positiven Affirmationen, die wir schon in früheren Übungen genutzt haben. Sie können damit innerhalb von 21 Tagen Ihre Innenwelt dergestalt umstimmen, dass Sie nicht nur zuverlässig schlank werden, sondern es vor allem auch bleiben.

Das Falsche loslassen, das Richtige tun – zum Beispiel beim Essen

Kommen wir zum viel wichtigeren zweiten Schritt. Ich muss immer Raum schaffen, indem ich das Falsche loslasse, damit ich für das Richtige Platz habe. Dann kann ich anfangen, das Richtige zu tun. Beginnen wir gleich mit der stärksten Droge, die wir kennen und die Sie alle regelmäßig nehmen – diese Droge heißt »Nahrung«. Es ist die stärkste Droge, die auf uns wirkt, weil Sie durch diese permanente und meist unreflektierte Einnahme einen unglaublichen Einfluss auf unser

Leben hat. Dabei ist es ganz einfach, sie nützlich anzuwenden: Meiden Sie Nahrungsmittel, die Sie vorzeitig altern lassen oder gar umbringen, und wählen Sie die, die Ihnen guttun, die Ihr Leben verlängern.

Ganz wichtig ist dabei frisches Obst und Gemüse. Das sind Nahrungsmittel voller Wunder. 90 Prozent im Obst sind Flüssigkeit – bei einer Wassermelone sogar noch mehr – und dieses Wasser ist gesundes, gefiltertes, lebendiges Wasser, das Sie nirgendwo kaufen können. Sie bekommen nirgendwo so lebendiges Wasser wie im Obst, nur die Pflanze versteht es, es herzustellen. Dieses lebendige Wasser hat den Vorteil, dass es unmittelbar in Ihre Zellen dringt und dadurch die »Müllabfuhr« in der Zelle aktiviert. Die Stoffe werden gelöst und ausgeschieden, wenn Sie genügend lebendiges Wasser trinken. Aber fragen Sie nicht irgendeinen Experten, sondern fragen Sie den größten Experten, den es gibt: Ihren eigenen Körper. Das heißt, probieren Sie es aus!

Natürlich können Sie auch Schwierigkeiten mit dem Darm bekommen, wenn Sie schlagartig Ihre Ernährung umstellen und Ihre Darmflora nicht darauf eingerichtet ist. Aber wenn Sie die Umstellung Schritt für Schritt machen und Ihre Darmflora sich darauf einstellen kann, dann erleben Sie ein »Wunder nach dem anderen. Obst ist ein wohlschmeckendes Antioxidans, es bekämpft wirkungsvoll die freien Radikale im Körper. Aber es kann noch viel mehr: Äpfel zum Beispiel sind reich an Cellulose, sie füllen den Darm und reinigen ihn wie ein Schornsteinfeger den Schornstein, und zwar auf ganz natürliche Weise. Sie sollten es sich zur Gewohnheit machen, mindestens fünf Stücke Obst am Tag zu essen.

Wichtig sind Bananen, ich esse jeden Tag ein oder zwei davon. Die Banane ist die Frucht der Weisen, sie enthält alles, was Sie zum Leben brauchen. Sie könnten sich ein Leben lang nur von Bananen ernähren. In der entsprechenden Jahreszeit sollten Sie zudem oft Weintrauben essen. Sie enthalten Resveratrol, das die Wirkung von Vitamin C verzwanzigfacht. Auch Broccoli ist sehr gesund. Dieses Gemüse hat so viele positive Eigenschaften, dass ich sie hier gar nicht alle aufzählen kann.

Soja, das Sie in Form von Sojamilch oder Tofu zu sich nehmen können, ist auch sehr wichtig. Es enthält nämlich Tocoferol, das ist eine besondere Form des Vitamin E, das in die engsten Zwischenräume der Zellen gelangt. Soja ist auch ein universelles Krebsvorsorgemittel. Die Länder, in denen viele Sojaprodukte verzehrt werden, kennen diese Krankheit kaum.

Und dann gibt es noch ein Produkt aus der Natur, das Sie nicht gering schätzen sollten: Knoblauch. Wenn Sie ihn nicht mögen, dann nehmen Sie ihn in Form von Pillen. Er entspannt die Blutgefäße, er reinigt die Adern – er hat viele positive Wirkungen. Knoblauch ist wie eine Anti-Aging-Pille.

Wir leben jedoch nicht nur von dem, was wir essen, sondern vielmehr von dem, was wir verwerten. Sie können das Beste essen, wenn der Darm nicht in Ordnung ist, nützt das nicht so viel. Bringen Sie also Ihren Darm in Ordnung. Machen Sie sich bewusst, dass wir im Laufe eines Lebens vom Gewicht her etwa sechs Elefanten essen. Und diese sechs Elefanten müssen durch den Darm. Deswegen ist es so wichtig, dass der gesund bleibt und gut funktioniert.

Die wichtigsten Nahrungsergänzungsmittel

Diese Frage wird immer wieder gestellt: Brauche ich noch zusätzliche Nahrungsergänzungen, auch wenn ich mich gesund ernähre? Ich muss sie eindeutig mit »Ja« beantworten. Selbst wenn Sie sich gesund ernähren, führen Sie Ihrem Körper nicht ausreichend die Stoffe zu, die er braucht. Warum? Die Böden waren vor zehn oder zwanzig Jahren noch gesund, heute sind sie ausgelaugt und können kaum noch Nährstoffe an die Pflanzen abgeben. Obst und Gemüse waren früher drei- bis zehnmal inhaltsreicher. Vor zehn Jahren noch waren die Äpfel um das fünf- bis zehnfache reicher an Vitamin C als heute. Wir züchten Arten, die gut aussehen, die gut zu lagern sind, die hohen Ertrag bringen – und sie sind von den Inhaltsstoffen her leer. Um die Menge Vitamin C aufzunehmen, die Sie täglich brauchen, müssten Sie ungefähr 30 Orangen jeden Morgen essen, natürlich Bio-Orangen.

Vitamin C brauchen wir als Menschen ganz dringend. Alle Säugetiere (ausgenommen der Mensch) erzeugen im oberen Ende des Dünndarms ihr Vitamin C selbst. Wahrscheinlich kriegen Tiere deswegen keinen Herzinfarkt. Uns fehlt jedoch das Enzym, das Glucose zu Vitamin C synthetisiert. Den Mangel müssen Sie ausgleichen: Sie brauchen Vitamin C! Es ist der wichtigste Mikronährstoff überhaupt, ein starkes Antioxidans. Sie brauchen ein Vielfaches von der offiziell empfohlenen Menge: ein bis drei Gramm am Tag.

Vitamin C hat den Effekt, die biologische Uhr zurückzustellen. Es macht Sie jünger. Britische Forscher haben festgestellt, dass Vitamin C den Prozess des Alterns umkehren kann, indem es die weißen Blutzellen biochemisch verjüngt. Zu Vitamin C gehört OPC. OPC und Vitamin C sollten Sie als Einheit nehmen. Sie bekommen OPC unter dieser Bezeichnung in jeder Apotheke. OPC ist ein Superantioxidans, es verzwanzigfacht die Wirkung von Vitamin C, ist pflanzlich, kann nicht überdosiert werden und hat keinerlei schädliche Nebenwirkungen. Ebenso unverzichtbar ist Vitamin E: etwa 400 Einheiten am Tag sollten Sie zu sich nehmen. Zudem L-Carnitin, ein Stoff, der Fettzellen überhaupt erst für die Verstoffwechselung aufschließt. L-Carnitin hilft, aus Fettdepots Muskeln zu machen, er verbessert enorm die Energieverwertung, hat keinerlei schädliche Nebenwirkungen und bringt einfach mehr Fitness. Ein anderer Grundbaustein der Gesundheit ist Q10. Weiterhin sind Omega-3-Fettsäuren sehr wichtig, die Sie auch in der Apotheke bekommen. Wichtig ist auch in diesem Zusammenhang, dass Sie auf eine ausreichende Flüssigkeitszufuhr achten, wir haben bereits darüber gesprochen.

Die gesunde Lebensvision

Sie sollten das Werkzeug der Imagination nutzen, um Ihren inneren Bauplan zu verändern und zu optimieren. Sie haben sich ja bereits einen neuen Körper in der Imagination vorgestellt. Nehmen Sie ihn in Besitz, indem Sie in diesen vollkommenen Körper mental eintreten und in diesem Körper den nächsten Atemzug machen. Das ist Ihre Geburt in diesen neuen idealen Körper hinein. Sie vereinigen sich mit diesem Körper und leben als zeitloses Sein in diesem vollkommenen Körper. Lösen Sie nach und nach alle Identifikationen auf, und leben Sie in der wahren Identität als der, der Sie wirklich sind. Lassen Sie Ihre Vergangenheit los. Auch das Hängen an Vergangenem macht es Ihnen in der Gegenwart oft schwer, gesund und vital zu werden.

So viele Menschen kamen zu mir und sagten: »Ich hatte so eine schwere Kindheit!« Dann sagte ich: »Na und? Seien Sie froh, dass sie vorbei ist! Die Vergangenheit bewirkt doch jetzt nichts mehr.«

Auch wenn Sie eine tolle Kindheit hatten, ist sie vorbei. Was zählt, ist das Jetzt. Leben findet nur im Jetzt statt. Legen Sie also den Rucksack der Vergangenheit ab! Wenn Sie mir jetzt antworten wollen: »Sie machen es sich wirklich leicht«, dann kann ich darauf nur sagen: »Genau, und das sollten Sie auch tun. Sie sollten es sich leicht machen! Wir werden nicht dafür belohnt, dass wir es uns schwer machen.«

Machen auch Sie es sich leicht. Lassen Sie nicht nur die Vergangenheit los, lassen Sie auch Ihre bisherige Persönlichkeit, lassen Sie Ihr Alter los, lassen Sie einschränkende Überzeugungen los. Bestimmen Sie Ihr Schicksal, Ihr Leben und Ihre Zukunft selbst. Erwachen Sie als Sie selbst, als Schöpfer. Schaffen Sie sich den Körper, das Leben, die Gesundheit, die Sie haben wollen. Entwerfen Sie die Vision Ihres Lebens – und leben Sie sie!

Eine ganz allgemeine Grundhaltung ist auch für die Gesundheit die wichtigste: Dankbarkeit. Sie können Ihre Schwingung und damit auch Ihren Körper reinigen, indem Sie danken und segnen. Die Resonanz der Dankbarkeit und des Segnens ermöglicht es Ihnen, sich zu öffnen und auf diese Weise noch mehr Gesundheit und Vitalität zu empfangen. Diese Energie vermag Ihren Körper zu heilen.

Dankbarkeit kann in verschiedener Weise ausgedrückt werden: mental, mit Worten, gesprochen oder in Schriftform. Nutzen Sie Ihr Tagebuch, und schreiben Sie während der 21 Tage immer mal wieder auf, wofür Sie Ihrem Körper dankbar sind. Wichtig ist, dass der Dank von Herzen kommt. Wenn Sie ihn nur mechanisch und unachtsam ausdrücken, dann ist er nicht so wirkungsvoll, als wenn es mit einem tiefen Gefühl und voller Aufmerksamkeit geschieht.

Wenn Sie »danke« denken, dann wirkt das auf Ihren Körper. Es ist sogar noch kraftvoller, wenn Sie es aussprechen. Schreiben Sie Ihre Gedanken nieder, oder sprechen Sie sie aus, dann werden sich schneller und deutlicher Veränderungen im Körper einstellen. Wenn Sie Ihre Gesundheit durch Dank wertschätzen, dann senden Sie damit eine positive Botschaft an die Zellen Ihres Körpers aus.

Wenn Sie ein Gesundheitsproblem heilen möchten, erinnern Sie sich nicht an die Zeiten, in denen Sie krank waren. Danken Sie vielmehr Ihrem Körper für all die wunderbaren Dinge, die er für Sie erledigt. Machen Sie sich bewusst, wie gut Ihr Körper in vielen Bereichen funktioniert, dass er die Nahrung in Energie umwandelt. Setzen Sie ihn nicht herab mit Gedanken wie: »Ich mag meinen Bauch nicht« usw. Gedanken der Undankbarkeit senken Ihre Körperenergie. Denken Sie daran, Ihr Körper besteht aus Millionen kleiner Wesenheiten – den Zellen –, diese leben und fühlen wie Sie. In dem Augenblick, in dem Sie beschließen, sie wirklich zu schätzen, erzeugen Sie eine Schwingung von Gesundheit und Vitalität, die sich unweigerlich bald auch rein physisch manifestieren wird.

Und wer weiß: Vielleicht begegnen wir uns irgendwann mit 80 Jahren beim Tennis, mit 90 beim Tanzen oder mit

100 beim Golfen und erkennen uns an der fast übermütigen Lebensfreude, die aus unseren Augen blitzt. Dann wissen wir: »Aha, das ist auch einer, der das Geheimnis kennt, das eigentlich keins ist.«

Meditation »Sich selbst gesund wahrnehmen«

Sie können den folgenden Text im entspannten Zustand, am besten mit entspannender Musik im Hintergrund langsam lesen, sich aber auch laut vorlesen. Dann schließen Sie die Augen und stellen sich das Gelesene innerlich vor. Lassen Sie dabei einfach geschehen, was geschehen will.

Es ist günstig, wenn Sie möglichst immer wieder die gleiche, Ihre dazu passende Lieblingsmusik spielen. Auf diese Weise verankern Sie die Vorstellungs- und Meditationsübung optimal in Ihrem Inneren. Immer wenn Sie dann die Musik hören, aktivieren Sie Heilkräfte in Ihrem Körper.

Ich sehe, wie ich vor einem Spiegel stehe. Ich schaue in den Spiegel und sehe mich an. Ich sehe meinen Körper. Wer aber ist das, der den Körper anschaut, der sagt: Das ist mein Körper? Der das sagt, der den Körper anschaut, das bin ich, also bin ich nicht der Körper. Ich bin der, der den Körper anschaut, der diesen Körper gebraucht, der, dem dieser Körper gehört.

Und ich beobachte jetzt meine Gedanken. Es sind meine Gedanken, aber ich bin nicht die Gedanken, ich bin nicht der Verstand, ich bin der, der denkt, der Gedanken hat, der den Verstand gebraucht. Ich bin der Denker, der ist. Sobald ich aufhöre zu den-

ken, ist Gedankenstille. So gestatte ich jetzt meinen Gedanken still zu sein. Ich bin. Und ich erkenne, dass ich bestimme, ob ich denke und was ich denke und wann ich denke.

Und nun schaue ich auf meine Gefühle. Und wieder erkenne ich: Sie gehören zu mir, aber ich bin nicht meine Gefühle. Ich spüre meine Gefühle, erlebe sie bewusst, aber ich entscheide, welche Gefühle ich zulasse und welche ich verändern möchte. Ich kann meine Gefühle lenken, kann mein Gemüt klären. Ich bin der, der ist.

Nun mache ich mir mein Unterbewusstsein bewusst und erkenne: Ich habe ein Unterbewusstsein. Sobald ich meine Aufmerksamkeit auf mein Unterbewusstsein richte, wird mir bewusst, dass da Prägungen, Verhaltensmuster, Eindrücke, Erfahrungen vorhanden sind, die mir nicht bewusst sind, aber die ich nicht bin. Ich bin der, der entscheidet, wie weit ich mich damit identifiziere, wie weit ich sie akzeptiere oder umwandle. Ich bin der, der dem Unterbewusstsein ein neues Programm eingeben kann und ein altes ändert oder löscht, aber ich bin weder das Programm noch das Unterbewusstsein, sondern der, der bestimmt, der ist.

Ich schaue noch einmal auf meinen Körper und erkenne: mein Körper kann krank werden, ich aber kann nicht krank werden, ich bin Bewusstsein. Habe ich eine Disharmonie im Bewusstsein, spiegelt mein Körper das wider als Krankheit, er lässt so eine unsichtbare Störung sichtbar werden. Ich aber bin, werde weder krank noch alt noch kann ich sterben, ich bin Bewusstsein. Ich bin gesund, stark und vital – ich bin.

Und so mache ich mir einmal Stress bewusst und erkenne, dass Stress nur geschehen kann, wenn ich nicht ich selbst bin, wenn nicht ich selbst handle, sondern wenn der Verstand zu viel gleichzeitig will und das Gemüt das nicht verkraften kann. Sobald ich in meiner Mitte ruhe und aus dem Sein handle, ist Stress nicht möglich. Also schaue ich mir einmal an, wie das ist, wenn ich als ich selbst handle. In diesem wahren Selbstbewusstsein erkenne ich, was zu tun ist, und tue das Richtige im richtigen Augenblick. Und nun schaue ich einmal hin, wie ich normalerweise lebe und arbeite, und erkenne, dass diese Art viel mehr Kraft kostet und viel weniger bewirkt. Und nun tue ich die gleichen Dinge im wirklichen Selbstbewusstsein, erlebe, wie es fließt, fast von selbst geschieht. Ich erkenne, dass sich Entscheidungen dann gar nicht stellen, weil klar ist, was wann wie zu tun ist. Ich erkenne, dass Erfolg »geschieht«, wenn ich ich selbst bin.

Nun schaue ich einmal auf meine »Persönlichkeit« und erkenne: Das ist die Summe meiner Prägungen, Programme, Verhaltensmuster und die daraus entstandenen Eigenschaften. Aber ich bin nicht meine Persönlichkeit. Ich kann meine Eigenschaften verändern, kann neue annehmen und überholte löschen. Ich bin der, der entscheidet, ändert und löscht.

Nun schaue ich einmal auf mein Selbstbewusstsein und erkenne, wer sich da seiner selbst bewusst ist. Ist es mein kleines Ich, oder ist es meine Persönlichkeit, oder bin ich mir wirklich selbst bewusst? Bin ich mir als ich bewusst, dann handle ich selbst. Bin ich mir als Persönlichkeit bewusst, dann habe ich Eigenschaften, die mich selbstbewusst erscheinen lassen.

Und nun lasse ich das »Ich« los, die Persönlichkeit, und spüre einmal, wer ich wirklich bin und bin, der ich bin. Und bin mir bewusst, dass ich bin und lebe als ich selbst, als der, der ich wirklich bin. Erlebe einmal meinen Alltag als ich selbst, als zeitloses Sein. Erlebe, wie ich meine Zeit einteile, wie ich meinen Tag beginne, wie ich arbeite, aber auch wie ich mir Zeit nehme für Ruhe, Stille, für Meditation und Intuition, Zeit für Einfälle. Ich erkenne: Ich habe kein Alter – ich bin, war immer und werde immer sein. Ich bin eigenschaftsloses Sein und doch ruhen alle Eigenschaften latent in mir und warten darauf, dass ich »zu mir komme«, zu Bewusstsein komme und mein Erbe antrete als der, der ich wirklich bin, als ich selbst!

Und als ich selbst optimiere ich jetzt meine Grundüberzeugungen in Bezug auf meinen Körper und meine Gesundheit mit folgenden Affirmationen:

Ich aktiviere meine heilende Lebensenergie in meinem Körper.
Ich lasse die Lebensenergie in jede Zelle fließen.
Ich höre auf die Botschaften meines Körpers.
Ich ernähre mich gesund und kaue jeden Bissen gründlich.
Ich spüre das Essen mit allen meinen Sinnen.
Gesundes Essen ist eine heilsame Zeremonie für mich.
Ich fühle, was das Richtige für meinen Körper ist und richte mich danach.
Ich atme bewusst und spüre, wie heilende Lebensenergie in jede Zelle meines Körpers strömt.
Heilende Lebensenergie durchfließt meinen Körper.
Ich genieße mein Dasein und freue mich an jedem Augenblick meines Lebens.

Ich achte bewusst auf die Stimme meines Körpers.
Ich vertraue der natürlichen Intelligenz meines Körpers, sich selbst zu heilen.
Meine Gelenke sind frei und beweglich.
Mein Kopf ist frei und klar.
Mein Herz schlägt ruhig und gleichmäßig.
Ich habe einen ruhigen, natürlichen und erholsamen Schlaf.
Ich komme immer wieder zur Ruhe und Stille in mir zurück.
Die Ruhe regeneriert und verjüngt meinen Körper.
Der Sauerstoff belebt, stärkt und verjüngt mich.
Ich bin gesund und lebensfroh.
Meine Zellen, Nerven und Organe regenerieren sich vollständig.
Ich bin vollkommene Gesundheit und Harmonie.

Kapitel 4
Liebe und Partnerschaft

Wenn man jemanden fragt, ob er weiß, was Liebe ist, wird er vermutlich antworten: »Natürlich, Liebe ist, wenn ich meine Frau gern habe und meine Kinder. Liebe ist, wenn ich bereit bin, für einen anderen alles zu tun.«

Aber ist Liebe in Wirklichkeit nicht viel mehr als das?

Zwar kann uns das, was wir Liebe nennen, auch krank machen, vor allem eifersüchtig, aber wir verdanken der Liebe auch unsere schönsten Gedichte und die bezauberndsten Klänge, vor allem aber verdanken wir der Liebe unser Leben.

Und doch bleibt die Frage: Liebe, was ist das eigentlich?

Ist das ein schönes Gefühl, ein wohlwollender Gedanke, ein bestimmtes Verhalten oder ein besonderer Bewusstseinszustand?

Erspüren Sie einmal auf jeder Ebene, was Liebe ist. Erleben Sie, was Liebe für Sie wirklich ist.

Fragen Sie sich, in welcher Situation Sie Liebe erlebt haben und wie sie sich bemerkbar gemacht hat. Vielleicht wie bei dem kleinen Mädchen, das seine Mutter fragte: »Mami, wie merkt man eigentlich, dass man verliebt ist?«, und die Mutter antwortete: »Das kann ich dir so auch nicht sagen, aber wenn es so weit ist, dann merkst du es ganz deutlich.«

Die Liebesfähigkeit eines Menschen zeigt die Reife seiner Seele. Doch was die meisten Menschen Liebe nennen, hat mit Liebe noch wenig zu tun, es ist eher eine Blüte, die wir gedankenlos vom Baum des Lebens pflücken, bevor sie zur Frucht werden konnte.

Von allen Künsten ist die Kunst der Liebe die am wenigsten studierte und am wenigsten praktizierte. Ist Liebe eine Kunst?

Die meisten Menschen glauben, dass Liebe eine Sache des Zufalls ist, etwas, das geschieht, wenn man eben Glück hat. Hat man Pech, geschieht es eben nicht, oder die Liebe wird nicht erwidert. Auf jeden Fall aber kann man nichts dafür. Ist Lieben aber eine Kunst, dann erfordert sie Wissen um die Zusammenhänge und die Bereitschaft, das Notwendige zu tun.

Da ist zunächst das Problem, dass die meisten Menschen sich nur für den Teil der Liebe interessieren, den sie selbst bekommen. Sie wollen vor allem geliebt werden und kümmern sich weniger darum, wie weit ihre Fähigkeit zu lieben ausgeprägt ist. Sie wollen, wenn sie sich schon bemühen, liebenswerter sein. Die Frauen machen sich zu diesem Zweck schöner, schminken sich, kleiden sich modisch und duften verführerisch. Vielleicht achten sie noch auf angenehme Manieren, sind gebildet und in der Lage, sich interessant zu unterhalten. Ganz Eifrige studieren noch geistige Techniken, um leichter Freunde zu gewinnen, und all dies nur, um mehr geliebt zu werden. Nur wenige sind bereit, selbst mehr zu geben und wirklich lieben zu lernen.

Viele glauben auch, dass es gar nichts zu lernen gibt, weil die Liebe abhängig vom Objekt ist und nicht von der eigenen Fähigkeit. »Wenn mir nur der richtige Partner begegnet, dann kommt die Liebe schon von selbst«, so glauben sie. Sie vergessen, dass Lieben Geben und Nehmen ist und dass sie immer mit dem Geben beginnt. Vielleicht ist das Erste, was ich gebe, der gute Eindruck, den ich mache, mein Äußeres – aber das reicht nicht. Will ich wirklich Liebe erleben, muss ich bald mehr geben. Das ganze Geheimnis der Liebe besteht darin, Liebe zu geben.

Dem »idealen Partner« kann ich erst begegnen, wenn ich selbst ein idealer Partner geworden bin. Würde ich ihm früher begegnen, wäre die Begegnung sinnlos und schmerzvoll, weil ich dem anderen ja kein idealer Partner sein könnte. Meiner »großen Liebe« kann ich erst begegnen, wenn ich die »große Liebe« in mir gefunden habe. Dann brauche ich sie im Außen zwar nicht mehr, aber erst dadurch mache ich sie möglich, ziehe ich sie nach dem Resonanzgesetz an.

Der Sinn einer Partnerschaft ist der, dass mich der andere mit meinem Mangel konfrontiert, mir zeigt, wo ich noch nicht ganz »heil« bin, nicht »ich selbst« bin. Die Auseinandersetzung mit dem anderen, bei dem ich bleibe, weil ich ihn liebe, soll mich also letztlich zu »mir selbst« führen, mir helfen, ganz ich selbst zu sein. So ist der Partner, den ich derzeit habe, der ideale Partner für mich und ich für ihn; denn er ist so viel oder so wenig ideal wie ich selbst. Aber gemeinsam sind wir auf dem Weg zu uns selbst, ob wir es wissen und wollen oder nicht.

Eine »reibungslose Partnerschaft« wäre daher auch nur sinnvoll, wenn eine gemeinsame Aufgabe dies erfordert. Bis dahin konfrontieren wir uns gegenseitig immer wieder mit unserem So-Sein, bis jeder ganz er selbst geworden ist. Wenn ich dann ganz ich selbst geworden bin, dann erst bin ich der ideale Partner. Dann brauche ich nichts mehr und bekomme alles und lebe in der Fülle meines wahren Seins – im Paradies.

Das große Glück finde ich nicht dadurch, dass ich viel Liebe von meinem Partner bekomme, sondern dadurch, dass ich meine eigene Fähigkeit optimiere, Liebe zu empfinden und zu verschenken. Denn was würde es mir nützen, wenn ich schön wäre, Erfolg, Geld und Macht hätte, begehrt und bewundert werden würde? Solange ich selbst nicht liebe, bleibt meine Seele leer.

Das Beste einer Partnerschaft sind daher nicht die liebevoll turtelnden Partner, die jeweils ohne den anderen nicht leben können, sondern im Idealfall zwei Menschen, die miteinander und aneinander heil geworden sind und sich daher nicht mehr »brauchen«, weil jeder alle Aspekte des anderen aufgenommen hat.

In dieser Kunst zu lieben liegt der ganze Sinn des Lebens.

Das Wunder der Liebe

Gesundheit und Erfolg können ein Leben sehr bereichern. Erfüllung aber erfahren wir erst durch die Liebe. Tauchen wir also miteinander ein in ein Thema, das uns alle angeht und das uns manchmal ganz schön zu schaffen macht – das Wunder der wahren Liebe.

Es ist das faszinierendste Phänomen, das das Leben hervorgebracht hat. Wir können die Liebe mit all unseren Sinnen wahrnehmen, sie kann uns ergreifen und unser ganzes Leben verzaubern, aber sie ist selbst für die modernsten Messgeräte unsichtbar, unberechenbar. Doch alle Menschen sind sich einig, dass es sie gibt, weil fast alle sie schon erlebt haben. Über nichts anderes ist im Verlaufe der Menschheitsgeschichte mehr nachgedacht, erzählt und geschrieben worden als über die Liebe. Und doch ist die Liebe etwas geblieben, über das wir so gut wie nichts wissen.

Liebe braucht man im Grunde nicht zu lernen. Sie ist das Einzige, was zunimmt, je mehr man davon verschenkt. Ohne Liebe gibt es keine wirkliche Entwicklung, ohne Liebe kommt niemand zu sich selbst.

Aber viele Partnerschaften sind gescheitert, bevor sie begonnen haben. Immer wieder kamen Paare zu mir zur Beratung und wollten »zusammenbleiben«. Es war aber offensichtlich: Sie hatten keine Chance, nicht mit dieser Haltung, mit der sie die Beziehung begonnen hatten.

Der Beginn kann noch so zauberhaft sein, wie es weitergeht, bestimmen Sie. Wenn Sie also etwas ändern wollen, müssen Sie es tun. Und was Sie vor allem ändern sollten, sind Sie selbst.

Die Schritte auf diesem Weg zur Liebe sind ebenso vorhersehbar wie die Hindernisse und Schwierigkeiten, aber auch die Lösungen. Denken Sie daran, Sie müssen nicht jeden Fehler selber machen, lassen Sie anderen auch noch eine Chance! Das, was Sie in der Liebe erleben, das haben vor Ihnen schon Millionen andere erlebt. Die Liebesfähigkeit eines Menschen zeigt seine Reife und wenn wir genau hinschauen, müssen wir erkennen, dass wir fast alle noch Analphabeten der Liebe sind.

Jedermann weiß, dass man ein Auto erst fahren darf, wenn man Unterrichtsstunden in Theorie und Praxis absolviert hat und ausreichende Kenntnisse nachweisen kann.

Um einen Beruf ausüben zu dürfen, muss man eine Lehre machen oder ein Studium absolvieren und sich durch eine bestandene Prüfung qualifizieren. Für die Partnerschaft brauchen wir das alles nicht. Es genügt, dass wir jemanden kennen lernen und dann geht es schon los!

Und genau so verhalten sich viele. So, als ob sie versuchen, mit geschlossenen Augen ohne Kenntnis der Verkehrsregeln unbeschadet durch den Großstadtverkehr zu kommen. Da ist der Unfall natürlich vorauszusehen.

In Wirklichkeit ist es ganz einfach: Wenn ich den anderen wirklich liebe, gibt es keine Schwierigkeiten, wenn ich ihn nicht liebe, gibt es kein Zusammenbleiben. Die Liebe ist ein Weg, auf den man sich miteinander macht, um letztlich bei sich selbst anzukommen. Aber ankommen kann man natürlich nur, wenn man losgeht.

Die Lernschritte in der Partnerschaft

Da es in diesem Kosmos keinen Zufall gibt, kann auch eine so wichtige Begegnung wie die mit einem Partner nicht zufällig sein. Vielmehr haben wir diese Begegnung frei gewählt, um bestimmte Lernschritte zu erleben oder fortzusetzen. Machen Sie sich bewusst: Welche Lernschritte gibt mir meine Partnerschaft auf, was habe ich in meiner Beziehung zu lernen?

Und in diesem Zusammenhang erkennen Sie: Jeder hat in diesem Augenblick den idealen Partner, nämlich den, der ihm genau die Aufgaben spiegelt, die er noch zu erledigen hat. Das mag nicht bequem sein, ist aber richtig.

Vielleicht sind Sie jetzt eher bereit, Ihren Partner als den genau richtigen zu akzeptieren. Wenn Sie dazu bereit sind, sagen Sie einmal bedingungslos Ja zu diesem Partner.

Partnerschaft ist eine Hilfe auf dem Weg, die Einheit in uns selbst zu finden. Das ist im Grunde der ganze Sinn einer Partnerschaft. Und wenn die Partnerschaft diesen Sinn nicht erfüllen oder nicht mehr erfüllen kann, hat sie ihren Sinn verloren und muss sich auflösen.

Da kommen wir gleich zu einer weiteren Erkenntnis: Die meisten haben eine falsche Vorstellung von Partnerschaft. Keine Partnerschaft ist für die Ewigkeit gedacht. Sie führt immer zwei Menschen zusammen, die eine besondere Aufgabe verbindet, und wenn sie diese Aufgabe erfüllt haben oder wenn ihre Beziehung diese Aufgabe nicht erfüllen kann, ist die Partnerschaft beendet.

Das heißt, wenn eine Partnerschaft beginnt, steht fest, dass sie irgendwann ein Ende haben wird. Also sollten wir am Ende dem anderen nicht Vorwürfe machen, sondern dankbar sein für die Zeit des Miteinander.

Schwierigkeiten, die in einer Partnerschaft entstehen, haben immer nur mit mir und nie mit dem anderen zu tun. Ich kann sie auch nur in mir lösen. Ich sollte also nicht sagen, der andere brauchte doch nur so und so zu sein oder dies und jenes zu lassen, dann wäre alles gut, dann wäre ich glücklich. Das wäre vielleicht bequem – aber weder richtig noch sinnvoll.

Es ist gut, so wie es ist, denn es hat einen Grund, dass es so ist, wie es ist. Immer wenn Sie sich weigern, Ihre Hausaufgaben zu machen, bleibt es unbequem. Erst wenn Sie die Lektionen Ihrer Beziehung erkennen, geht diese Beziehung in eine neue Ebene, und Sie bekommen eine neue Aufgabe. Und wenn Sie diese lösen, geht es wieder einen Schritt weiter.

Das Leben wiederholt keine Aufgabe, die Sie bereits gelöst haben. Umgekehrt gilt aber auch: Das Leben wiederholt dauernd die Aufgabe, die Sie noch nicht lösen konnten oder wollten, so lange sie ungelöst ist.

Wenn Sie also in Ihrer Partnerschaft vor einer unbequemen Aufgabe stehen, bringen Sie sie hinter sich! Lösen Sie sie, und dann sind Sie frei. Das ist der einzige Weg. Solange Sie ausweichen, es vor sich herschieben, weggehen, stellt Ihnen das Leben die gleiche Aufgabe – eventuell auch mit einem anderen Partner. Wir können uns nicht weigern, unsere Hausaufgaben zu machen.

Ich habe daraus irgendwann die prinzipielle Konsequenz gezogen, alles Unangenehme stets sofort zu erledigen. Wann immer Sie etwas Unbequemes finden, etwas, das Sie nicht gerne haben, beachten Sie: Wenn Sie es vor sich herschieben, bleibt es die ganze Zeit unbequem. Erst wenn Sie es erledigen, haben Sie es hinter sich gebracht.

Stellen Sie sich einmal in Ruhe und prüfend folgende Fragen:

- Was ist derzeit in meiner Partnerschaft unangenehm?
- Bin ich bereit, das zu ändern?
- Bin ich bereit, das jetzt zu ändern?

Und indem Sie das tun, sind Sie frei. Und Sie werden überrascht feststellen: Das Leben hatte diese Aufgabenstellung schon oft wiederholt. Und das Wunder: Ab dem Moment, wenn Sie sie lösen, kommt sie nicht mehr wieder.

Es kommt natürlich eine neue Aufgabe auf Sie zu, aber Sie sind einen Schritt weitergekommen. Auf die Partnerschaft bezogen heißt das: Der Sinn einer Partnerschaft ist nicht, sich mit Hilfe des anderen ein schönes, bequemes Leben zu machen. Selbst wenn der andere der ideale Partner für mich ist, dann werde ich gerade durch ihn am stärksten gefordert. Wir werden vom Leben gefördert, indem wir gefordert werden.

Alle Schwierigkeiten, die entstehen, haben also immer nur mit einem selbst zu tun. Wenn eine Schwierigkeit in Ihrer Beziehung auftaucht, machen Sie Ihrem Partner keine Vorwürfe dafür, denn Sie selbst sind die Ursache und nur Sie können das Problem lösen. Der Partner ist kein Kühlschrank, in dem nur Gutes steckt, das man sich jederzeit rausnehmen kann.

Stellen Sie sich einmal vor: Zwei Menschen verlieben sich ineinander und wollen zusammenleben. Keiner kennt den anderen. Sie kennen nicht einmal sich selbst. Aber jeder hat natürlich eine ganz bestimmte Vorstellung vom anderen und ganz bestimmte Erwartungen.

Man heiratet aus den seltsamsten Gründen: Er heiratet sie, weil sie ihn erregt, weil er sie ganz für sich haben möchte, weil er sich bei ihr so ganz »als Mann fühlt«. Er will umsorgt werden, nicht mehr aufräumen müssen, sie soll zärtlich sein, ihm ein Zuhause geben: Ob sie kochen oder mit Geld umgehen kann, wissen die wenigsten Männer vorher.

Frauen sind da viel realistischer: Sie heiratet ihn, weil er ein angenehmer Gesellschafter ist, weil er ihr Sicherheit gibt, weil sie eine eigene Familie und Kinder haben will, weil sie sich anlehnen und beschützt werden will. Sie erkennt viel deutlicher und klarer als der Mann die Ecken und Kanten des anderen. Aber sie denkt sich: »Den biege ich mir mit der Zeit schon zurecht.« Damit sind natürlich die Konflikte vorprogrammiert. Machen Sie sich also bewusst: Der andere ist nicht »zurechtzubiegen«! Das ist aussichtslos, Sie ernten nur Frustration.

Machen Sie sich auch bewusst, dass der innere und eigentliche Grund für diese Beziehung immer die Sehnsucht ist, wieder in die Einheit zu kommen. Der tiefere Sinn der sexuellen Vereinigung ist, dass ich das Wesen des anderen erkenne. Und wenn ich das wahre Wesen des anderen erkenne, erkenne ich mich, denn das bin ich. Ich erkenne: Ich bin. Die Sexualität ist dabei nur der äußere Vollzug dieses Sich-Erkennens. Durch dieses Sich-Erkennen komme ich wieder in die Einheit der Wirklichkeit. Und in diesem Geist kann ich das auch als Ritual körperlich, äußerlich vollziehen.

Die Wirklichkeit sieht anders aus, als es im Liebesfilm gezeigt wird, wo von einem Moment zum anderen – durch einen einzigen Blick – ein Märchen von ewiger Leidenschaft und unwandelbarer Treue Wirklichkeit wird, eingeleitet durch eine zauberhafte und fantasievolle Verführung. Unsere Fantasie ist eine wunderbare Quelle von Inspiration, und ein solcher Tagtraum kann sehr erfüllend sein: Aber es ist eben nur ein Traum.

Wenn Sie Ihren Traum verwirklichen wollen, müssen Sie erst einmal aufwachen. Und die Wirklichkeit ist meist ganz anders: Sie erkennen den Anfang einer viel versprechenden

Beziehung oft gar nicht. Viele Paare, die Jahrzehnte glücklich verheiratet sind, konnten ihren Partner am Anfang gar nicht leiden, oft war es nicht »Liebe auf den ersten Blick«.

Aussagen wie: »Ich hielt ihn am Anfang für einen Angeber« oder Ähnliches zeigen nur, dass es um etwas anderes geht, als dem vorgestellten Traumpartner zu begegnen: Es geht darum, den für mich, für meine Entwicklung, richtigen Partner zu finden. Wenn man sich in dieser Weise erkennt, kann daraus eine viel versprechende, erfüllende Beziehung werden. Es geht also nicht um die ideale, sondern um die echte Beziehung. Und es geht auch um die Hindernisse, die im Weg stehen, und um die Art, wie wir diese Hindernisse erkennen und beseitigen können.

Die Gesetzmäßigkeiten einer Partnerschaft

Es gibt Gesetzmäßigkeiten einer Partnerschaft, denn wenn zwei Menschen sich begegnen, werden die Regeln, nach denen das geschieht, nicht jedes Mal neu erfunden. Alles, was Sie erleben, haben Millionen andere vor Ihnen schon erlebt. Und es geschah immer nach den gleichen Gesetzmäßigkeiten. Das Ritual der Entwicklung einer Beziehung zweier Menschen ist so alt wie die Menschheit selbst.

Machen Sie sich also bewusst: Eine Beziehung muss entwickelt werden. Sie ist kein Geschenk, das Ihnen in den Schoß fällt. Was Ihnen vielleicht in den Schoß fällt, ist das Verliebtsein. Das Verliebtsein ist aber nur ein Vorschuss, den Sie zurückzahlen müssen. In der Zeit des Verliebtseins schauen Sie durch eine rosarote Brille, Sie sehen die Schwierigkeiten nicht, die Ecken und Kanten des anderen, Sie sehen nur das Schöne und Gute.

Das hilft Ihnen durchaus in der ersten Zeit, in der sich Liebe durch das Miteinander entwickeln kann. Viele Menschen sind aber verliebt in das Verliebtsein und versäumen es, zur Liebe zu finden, wenn das Verliebtsein vorbei ist. Frustriert stellen sie dann fest, dass das Verliebtsein leider vorbei ist und suchen wieder ein neues Verliebtsein. Sie stehen dann letztlich meist mit leeren Händen da.

Jeder muss ein bestimmtes Wissen von den Gesetzmäßigkeiten einer Partnerschaft haben, damit die Partnerschaft gelingen kann. Irgendwie geht es manchmal auch ohne dieses Wissen, und über Umwege finden die Paare durch kritische und heikle Situationen hindurch doch noch zu einer liebevollen Gemeinsamkeit und zur Erfüllung.

Aber viel öfter finden sie eben keinen Weg. Und so blicken Menschen oft auf eine Kette gescheiterter Beziehungen zurück und fragen sich, was sie bloß falsch gemacht haben könnten. Denn eine Beziehung scheitert sehr häufig an der gleichen Stelle – an der Stelle, wo ich meine Hausaufgaben nicht gemacht habe, wo ich wegschaue, wo es mir unbequem oder schmerzhaft ist.

Nehmen Sie sich mutig und selbstbewusst einen Moment, in dem Sie sich über die Hausaufgaben in Ihrem Beziehungsleben Klarheit verschaffen. Tragen Sie in Ihr Tagebuch für das 21-Tage-Programm alles ein, was Ihnen dazu einfällt. Die folgenden Fragen können Sie leiten:

- Woran sind meine Beziehungen bisher gescheitert? oder
- Woran krankt meine Beziehung aktuell?
- Welche Hausaufgaben sollte ich in meiner Partnerschaft machen?
- Was spiegelt mir der andere und der Stand unserer Beziehung?
- Auf welche Weise kann ich jetzt aktiv werden, um die Aufgaben zu bewältigen?

Männer und Frauen sind sehr verschieden. Eigentlich haben sie fast keine Chance, miteinander auszukommen. Sie können ja nicht einmal miteinander kommunizieren, weil sie unterschiedliche Sprachen sprechen.

Ein Mann »tritt in eine Beziehung« zu einer Frau: Und so empfindet das manche Frau auch, dass er nämlich im wahrsten Sinn des Wortes »hineintritt«. Und eigentlich bleibt er dabei ganz er selbst. Im Grunde sind die meisten Männer »verheiratete Junggesellen«. Sie bleiben wie vorher ein Ich, nur haben sie jetzt eben eine Frau.

Eine Frau »geht eine Beziehung ein« und oft geht sie ganz in ihr auf. Während ein Mann in einer Beziehung ein »Ich« bleibt, tut sich eine Frau sehr viel leichter, ihr »Ich« loszulassen und mit dem Partner ein »Wir« zu werden. Ein Mann begreift oft ein Leben lang nicht, was das ist: ein »Wir«. Und deswegen hat sie natürlich das Bedürfnis, alles mit ihm zu teilen. Und zu seinem Leidwesen auch den Wunsch, sich »mitzuteilen«.

Ein Mann nutzt Kommunikation, um eine echte Information zu transportieren. Eine Frau macht das gelegentlich auch, aber das steht selten im Vordergrund. Eine Frau benutzt Kommunikation, um eine Beziehung zu spüren und zu vertiefen. Wenn eine Frau einem Mann ein Problem mitteilt, dann rückt er seine Heimwerkermütze zurecht, holt seinen Handwerkskasten und sagt so etwas wie: »Ok. Dann wollen wir das jetzt mal ändern!« Und dann macht er ihr Vorschläge, wie man das ändern kann mit einem konkreten Ziel. Doch damit ist sie gar nicht so glücklich.

Er wiederum fühlt sich dann herabgesetzt, nicht gehört und nicht angenommen: »Also, ich hab mich für dein Problem interessiert, ich hab dir gesagt, wie man es lösen kann und jetzt gefällt dir mein Vorschlag nicht!«

Und dann trifft sie sich mit ihrer Freundin, und sie tauscht sich emotional mit ihr aus, ohne dass sie zu irgendwelchen konkreten »Lösungen« kommen, wie es der Mann vorgeschlagen hat. Aber darum geht es der Frau auch gar nicht, sie möchte sich nur mit ihren Problemen gehört und angenommen fühlen. Und das kann ein Mann natürlich überhaupt nicht nachvollziehen.

Aber wenn der Mann diese Situation dann ein paar Mal erlebt hat, hört er nicht mehr zu. Die Frau fängt wieder an zu erzählen, und er sagt eher mechanisch: »Ja, Schatz, natürlich, Schatz! Wie du meinst, Schatz … Wie bemerktest du eben ganz richtig, Schatz?«

Die Reaktion ist selbstverständlich vorprogrammiert: Das regt sie natürlich auf. Ihre Reaktion ist eigentlich immer die gleiche: »Du hörst mir ja überhaupt nicht zu!« Und genau so ist es: Er war nicht bei der Sache, er hat vielleicht die Worte behalten, aber nicht mit ihr wirklich kommuniziert.

Sie merken schon, die zwischengeschlechtliche Kommunikation geht vollständig daneben. Und das zu ändern, ist wesentlich für eine erfüllte, harmonische Partnerschaft: Wir müssen lernen, miteinander zu kommunizieren. Das muss man regelrecht lernen. Und der erste Schritt dabei ist zu erkennen: Männer sind anders, Frauen auch.

Wir sprechen zwei verschiedene Sprachen, und wenn wir uns nicht irgendwo treffen, dann sprechen wir unser ganzes Leben lang aneinander vorbei. Noch immer ist das Missverständnis die häufigste Form menschlicher Kommunikation – besonders zwischen Mann und Frau.

Wenn Ihr Partner oder Ihre Partnerin etwas zu Ihnen sagt, gehen Sie also bitte zu neunzig Prozent davon aus, dass Sie es missverstanden haben, und vergewissern Sie sich durch Nachfragen, inwieweit Sie es richtig verstanden haben.

Wie schwierig Kommunikation ist, kann ich Ihnen an einem kleinen Beispiel zeigen. Das Wort »Baum« scheint ganz einfach und unmissverständlich zu sein. Aber was für unterschiedliche Vorstellungen tauchen da bei Menschen auf! Der eine sieht einen Kirschbaum, der andere eine Tanne. Gleichgültig, wen wir fragen, wir haben einen Begriff und hundert Missverständnisse. Jeder stellt sich einen anderen Baum vor und jeder denkt natürlich, seiner ist »richtig«. Der eine ist klein, der andere groß, der eine hat Früchte, der andere nicht, der eine hat Blätter, der andere nicht.

Sprache ist eigentlich als Kommunikationsmittel gänzlich ungeeignet. Gott sei Dank hören wir auch mit der Intuition, mit dem Herzen zu, sonst würde Kommunikation überhaupt nicht funktionieren.

Stellen Sie sich vor, da treffen sich zwei Freunde und der eine sagt: »Na, was macht die Kunst?« Das ist eigentlich Unsinn, denn die Kunst ist abstrakt und kann nichts machen. Aber der andere reagiert nicht auf die eigentliche Information, sondern auf das, was der andere gemeint hat und sagt: »Du, alles in Ordnung, prima«. Das hat der andere zwar nicht gefragt, aber er hat es gemeint.

Ein Beispiel aus dem Leben eines Paares: Er und sie gehen sonntags spazieren, er kann entspannt sein, weil die Geschäfte geschlossen haben. Sie bleiben vor einem Reisebüro stehen, und da hängt ein Plakat im Schaufenster.

Sie sagt: »Schau mal, Griechenland, das sieht aber gut aus. Das würde mir gefallen, da mal Urlaub zu machen … da waren wir noch nie.«

Er sagt: »Okay«, aber eigentlich interessiert es ihn gar nicht. Jetzt meint sie, dass er es auch so gemeint hat, wie er es gesagt hat, nämlich »Okay, in Ordnung«. In Wirklichkeit hat er aber gar nicht gemerkt, dass er eben etwas gesagt hat.

Zwei Tage später sagt sie: »Du Schatz, wir sollten uns mal überlegen, wohin wir dieses Jahr in Urlaub fahren. Möchtest du das nicht in die Hand nehmen?« Er ruft im Reisebüro an und bucht wie immer »zweimal nach Mallorca«.

Und am nächsten Tag fragt sie ihn, ob er gebucht hat: »Ja, ja, habe ich erledigt – wir fliegen nach Mallorca.«

Große Krise. So hatte sie sich das nicht gedacht. Sie dachte, der zarte Hinweis vor dem Reisebüro wäre ausreichend gewesen, um ihm ihren Reisewunsch nach Griechenland zu vermitteln. Sie wollte zurückhaltend sein, wollte, dass er das auch möchte, ohne dass sie es ihm aufdrängt.

Doch ohne klare Kommunikation kann es nicht funktionieren. Sie aber meint, sie hätte es ihm deutlich genug gesagt, und er hat nicht mal verstanden, dass sie überhaupt etwas gesagt hat.

Ein Tipp für Frauen: Sagen Sie Männern am besten immer einen ganz klaren Satz, der nicht zu lang sein sollte. Dieser Satz sollte eine klare Information enthalten. Und machen Sie danach eine Pause, damit er das Gesagte begreifen kann.

Und dies ist kein Witz: Ich meine es wirklich so, wie ich es schreibe!

Die Schritte vom Ich- zum Wir-Bewusstsein

Ich bin zur Ruhe gekommen, als ich aufgehört habe zu versuchen, eine Frau zu verstehen. Ich habe nämlich erkannt, eine Frau will gar nicht verstanden werden, sie will geliebt werden. Irgendwann hat meine Frau mir den einzig richtigen Satz gesagt: »Hör auf zu argumentieren und gib mir einen Kuss.«

Es geht darum, Verständnis zu haben, ohne verstehen zu müssen. Das ist ganz wichtig, denn wir versuchen immer, den anderen zu verstehen, ihn zu begreifen, nur das, was gerade ist, ist vielleicht nicht zu verstehen. Und es kann auch deshalb gar nicht klappen, weil der andere sich ja oft selbst nicht versteht.

Es geht also nicht darum, den anderen zu verstehen. So wie Sie auch das Leben nicht verstehen können. Das Leben will gar nicht verstanden werden, es will gelebt werden! Und das können Sie auf Ihre Partnerschaft übertragen: So brauchen Sie auch den anderen nicht zu verstehen, Sie brauchen nur Verständnis zu haben und plötzlich ist alles ganz einfach. Zu verstehen ist es nicht, aber Sie können sich in den anderen hineinfühlen: »Aha, so erlebst du das, so empfindest du das!«

Dann erleben Sie plötzlich wie Alice im Wunderland das Leben des anderen und Ihr eigenes Leben. Dann stellt man fest, dass man zwanzig Jahre miteinander verheiratet war und im Grunde in ganz unterschiedlichen Welten gelebt hat.

Für eine erfüllende Partnerschaft ist eines ganz wichtig: Aus dem »Ich« und dem »Du« muss ein »Wir« werden. Sonst gibt es keine Beziehung. Sonst gibt es nur ein Beieinander, das oft ein Gegeneinander wird, aber kein Miteinander, keine wirkliche Beziehung. In einer wirklichen Beziehung lösen sich nämlich das »Ich« und das »Du« auf, und es wird ein »Wir«.

Und da sind wir schon wieder bei den unterschiedlichen Interessen. Eine Frau ist meist eher bereit, ihr Ich im Miteinander aufzugeben als ein Mann. Eine Frau gibt oft sehr viel mehr in einer Beziehung. Sie macht manchmal sogar den Fehler, sich in einer Beziehung aufzulösen: Es gibt sie dann nicht mehr. Und da es sie dann nicht mehr gibt, gibt es für sie nur noch das »Wir«. So will sie alles mit ihm teilen und teilt sich ihm auch mit allem mit. Er dagegen hasst es, wenn er dauernd Rechenschaft ablegen soll. Das hat er schon bei seiner Mutter gehasst, dass die immer wissen wollte, wo er hingeht und was er macht. Er möchte gerne auch vieles in seinem Leben mit sich selber ausmachen und nicht darüber sprechen.

Und sie möchte Anteil nehmen, mit ihm alles besprechen. Wenn er müde nach Hause kommt und sie ihn mitfühlend fragt, wie sein Tag gewesen sei, dann ist das für ihn oft schon eine Belästigung. Das hat er nicht gerne. Dann muss er ihr den ganzen Ärger noch mal erzählen. Das will er nicht. Aber sie braucht das. Und sie möchte am liebsten alles, was sie erlebt hat, ihm mitteilen, was ihn wiederum nicht interessiert.

Und deswegen ist Kommunikation so schwierig. Wir brauchen zwei Voraussetzungen für echte Kommunikation. Aus dem »Ich« und »Du« muss ein »Wir« werden. In den meisten Ehen geschieht das nur einseitig: Die Frau vollzieht den Schritt mehr oder weniger und der Mann vollzieht ihn meistens mehr oder weniger nicht. Er bleibt ein verheirateter Junggeselle.

Natürlich kann das so nicht funktionieren. Diese Zusammenhänge muss man sich erst einmal bewusst machen. Bevor also überhaupt echte Kommunikation möglich wird, müssen wir erst einmal miteinander sein und nicht nur nebeneinander oder bestenfalls beieinander. Es muss ein Miteinander geschaffen werden mit einer gemeinsamen Sprache, einer gemeinsamen Kommunikation. Erst dann kann man miteinander leben, erst dann kann man sich wirklich austauschen, erst dann kann man sehen, in welcher Welt der andere lebt, was ihn bewegt, was ihm wichtig ist.

Der erste Schritt zum Verständnis ist, dass man sich mal bewusst macht: Mann und Frau leben in ganz unterschiedlichen Welten, sprechen ganz unterschiedliche Sprachen, haben fast keine Chance sich zu verstehen. Der einfachste Schritt ist, es gar nicht mehr zu versuchen. Wenn ich versuche, zu verstehen, ende ich in der Verzweiflung. Wenn ich es nicht mehr versuche, dann ist es plötzlich ganz faszinierend. Ich beginne, das Anderssein des anderen zu entdecken. Plötzlich verschwinden die Reibereien, die Probleme, und wir haben es weitgehend geschafft.

Es gibt die verschiedenen Stadien der Liebe. Zuerst liebt man nur, wenn man geliebt wird und dann liebt man spontan, will aber wiedergeliebt werden, und später liebt man auch, wenn man nicht geliebt wird, will jedoch, dass die Liebe angenommen wird. Und dann irgendwann liebt man einfach ohne ein anderes Bedürfnis zu haben als zu lieben, man liebt bedingungslos.

Prüfen Sie einmal, ob Sie bereit sind zu diesem letzten Schritt: einfach nur zu lieben. Nichts ändern zu wollen, nicht zu urteilen. Wenn ich einfach bedingungslos liebe, bin ich der Beschenkte, denn ich liebe und das ist das Wichtigste an der Liebe.

Eine Frau erbringt unglaubliche Leistungen. Sie hält – in der Regel – die häusliche Welt in Ordnung, egal ob sie einen Job hat und Karriere macht oder nicht, sie trägt oft die Last des Mannes mit. Bei der Geburt eines Kindes riskiert sie ihre Gesundheit, manchmal sogar ihr Leben, sie geht eine vollkommene Symbiose mit ihren Kindern ein, ist immer für sie da. Später schafft sie die vollkommene Ablösung, denn sie muss ihnen wirklich das Leben schenken, nachdem sie ihnen den Körper gegeben hat. Damit schafft sie das Urvertrauen der Kinder, dass die Mutter immer da ist. Und dies wiederum ist die Grundlage des Selbstbewusstseins in deren späterem Leben. Sie ist immer präsent, immer liebevoll, ständig verfügbar. Aber das ist auch ein großes Problem in der Partnerschaft.

Nach der Geburt des Kindes verändert sich die Situation in der Beziehung grundlegend: Vorher war da eine Partnerschaft, es war ganz wunderbar, man liebte sich, war miteinander verbunden. Jetzt fühlt sich der Mann wie das fünfte Rad am Wagen. Das hatte er sich ganz anders vorgestellt. Er hat plötzlich eine Mutter als Partnerin, und wenn er sich jetzt nicht ändert, kann die Beziehung daran scheitern. Denn die

Partnerin, die er liebt und die er geheiratet hat, die ist jetzt weg und die kommt auch nie wieder. Er hat eine neue und seine Chance ist, diese neue zu lieben und ein echter Vater zu werden – nicht nur ein Mann mit einem Kind.

Dass sie beide Eltern sind, das bedeutet auch, ständig neue Aufgaben lösen zu müssen. Viele scheitern genau daran und kommen damit nicht zurecht, dass sie die geliebte Partnerin verloren haben, dass sie jetzt auch einem anderen Wesen ihre Zuwendung gibt.

Eine Partnerschaft ist etwas Unglaubliches, sie stellt eine große Herausforderung für beide dar. Aber Frauen bewältigen die Herausforderungen oft leichter, obwohl es eigentlich für sie schwieriger ist, da sie eher bereit sind, diese Schwierigkeiten zu meistern. Männer tun sich da oft ein bisschen schwerer.

Loslassen der Vorstellungen und Ideale

Wenn Sie bereit sind – ich meine, wenn Sie wirklich bereit sind – dann können Sie gleich hier die Schritte zur wahren Liebe vollziehen. Der erste Schritt auf dem Weg zur wahren Liebe ist die Bereitschaft, alle Vorstellungen, Erwartungen und Ideale loszulassen und den anderen so zu lieben, wie er ist. Das würde eigentlich schon reichen, um alle Ihre Probleme in Ihrer Beziehung zu lösen.

Die meisten wollen den anderen anders haben als er ist. Er braucht doch nur … er könnte doch wenigstens … ja, dann wär's gut.

Prüfen Sie einmal, ob Sie zu diesem ersten Schritt bereit

sind. Wenn nicht, brauchen Sie sich um die anderen gar nicht erst zu kümmern. Wenn Sie daran schon scheitern, können Sie es einfach vergessen, dann muss Ihre Beziehung irgendwann auch scheitern.

Zu diesem ersten Schritt gehört auch, sich ganz für seinen Partner zu entscheiden, sich ganz auf ihn einzulassen, ohne ihn ändern zu wollen. Also machen Sie sich einmal bewusst, was das für Sie bedeutet, wenn Sie Ihre Vorstellungen, Wünsche, Hoffnungen, Erwartungen einfach loslassen. Denn mit all diesen Konstrukten leben Sie in einer Illusion. Die meisten projizieren eine Vorstellung auf den anderen, und sie leben gar nicht wirklich mit ihrem Partner zusammen, sondern mit einer bloßen Vorstellung von ihm.

Irgendwann sagen sie dann: »Ich hätte nie gedacht, dass du mich einmal so enttäuschst.« Man fühlt sich enttäuscht, weil der Partner sich nicht den Erwartungen entsprechend verhält. Sie machen sich nicht bewusst: Der andere kann gar nichts dafür, denn nur die eigenen Erwartungen wurden nicht erfüllt. Der andere war immer so, wie er eben ist.

Das wäre das wichtigste Fundament für eine Partnerschaft: Nehmen Sie einmal die Wirklichkeit des Partners an, lassen Sie alle Vorstellungen los, entdecken Sie den anderen wie einen Fremden.

Wir haben oft eine bestimmte Vorstellung von dem oder von der Richtigen und vergleichen bei jeder Begegnung mit einem Mann bzw. einer Frau diesen anderen mit unserem Vorstellungsbild. Und wir glauben, wenn er oder sie damit nicht übereinstimmt, kann er nicht der oder die Richtige sein. Und so geben wir mancher guten Beziehung gar nicht erst eine Chance.

Wir sollten uns darüber im Klaren sein, dass es nicht nur *eine* mögliche Beziehung gibt, die so genannte ideale Beziehung. Es gibt immer mehrere mögliche gute Beziehungen, und Sie entscheiden sich für eine davon.

Treffen wir dann aber wirklich mal jemanden, der genau mit unserem Bild übereinstimmt, so heißt das nur, dass der andere mit meiner Vorstellung übereinstimmt und noch lange nicht, dass er auch der Richtige ist. Er kann ganz genau mit meiner Vorstellung übereinstimmen, und ich erkenne dann später: Unmöglich! Und der andere kann mit meiner Vorstellung überhaupt nicht übereinstimmen – und er ist genau der Richtige.

Mit der Zeit lernt man dann vielleicht die Erwartungen und Wünsche des anderen kennen und wenn man ihn wirklich gern hat, versucht man, sie zu erfüllen. Aber damit ist man schon wieder in der Sackgasse: Denn wenn man dem Bild des anderen entsprechen will, entfernt man sich dadurch von sich selbst. Im Übrigen ist es völlig unmöglich, alle Erwartungen des anderen zu erfüllen, mag man sich noch so viel Mühe geben.

Und so ist die Enttäuschung schon wieder vorprogrammiert. Man spielt eine Rolle und verhindert damit, dass man sich überhaupt wirklich begegnet. Zwei Rollen leben miteinander, falls man das überhaupt als Miteinander bezeichnen kann. Man selbst wird dabei immer unzufriedener, immer leerer, obwohl doch scheinbar die Beziehung funktioniert. Es ist eben nur ein Funktionieren, aber es fehlt die Erfüllung. Es wird eine Rolle gespielt, es werden Erwartungen erfüllt. Aber keiner ist er selbst.

Beide meinen eben gar nicht den anderen, sondern nur

ihre Vorstellung von ihrem Wunschbild, ihrem Traum, der dann oft genug zum Alptraum wird. Ganz selten setzen sich zwei Partner wirklich zusammen, ziehen ehrlich Bilanz und fangen noch einmal ganz von vorn an. Es gilt erst einmal wahrzunehmen, wer der andere überhaupt ist, was die gemeinsame Aufgabe und was der Inhalt der Beziehung ist. Und dann – und nur dann – findet sich ein gemeinsamer Weg, können beide wirklich aneinander und miteinander wachsen und reifen.

Zu diesem Schritt gehört auch, durch dieses Annehmen des anderen so viel Befriedigung und Glück zu erleben, dass man gar nicht mehr danach fragt, was man bekommt. Bekomme ich etwas, ist es einfach ein zusätzliches Geschenk.

Die Erfüllung meiner Partnerschaft ist nicht die Liebe, die ich bekomme, sondern die, die ich gebe. Aber wie oft sagen wir: »Ich liebe dich«, meinen aber eigentlich: »Ich brauche dich«, oder: »Verlass mich nicht.«

Selbstliebe als Voraussetzung der wahren Liebe

Im nächsten Schritt sollten Sie prüfen, ob Sie sich selbst wirklich lieben.

Denn sich selbst zu lieben ist die wichtigste Voraussetzung für die Liebe zum anderen. Liebe dich selbst, dann wirst du auch jemanden finden, der dich ebenso liebt. Wenn ich mit mir im Einklang bin, wenn ich wirklich mit mir einverstanden bin, dann kann ich auch mit einem Partner glücklich sein, dann brauche ich keine Rolle zu spielen, dann kann ich echt, ehrlich und authentisch sein.

Prüfen Sie, wo Sie stehen, und notieren Sie Ihre Antworten auf die folgenden Fragen in Ihr Tagebuch.

- Wo lebe ich noch in einer Vorstellung, einer bloßen Idee?
- Wo erfülle ich noch die Erwartungen des anderen?
- Wo spiele ich noch eine Rolle?
- Wie würde es aussehen, wenn ich es loslasse und einfach bin, so bin, wie ich bin?

Wenn Sie bereit sind für ein Abenteuer, dann fangen Sie doch gleich an, echt, ehrlich und authentisch zu sein – mit einem Wort: Sie selbst zu sein. Und dann schauen Sie mal, was passiert. Wenn Ihr derzeitiger Partner wirklich zu Ihnen gehört, wird die Beziehung jetzt enger und inniger werden.

Wenn dieser Partner nicht zu Ihnen gehört, sondern nur zu der Rolle, die Sie gespielt haben, dann wird sich diese Beziehung vielleicht lösen. Aber bedenken Sie: Es war nie wirklich eine, denn es waren nur zwei Rollen, die miteinander ausgekommen sind.

Machen Sie sich bewusst, dass Sie liebenswert sind. Sie brauchen keinen besonderen Grund dafür vorzuweisen. Sie sind etwas ganz Besonderes, und es hat einen Sinn, weshalb Sie hier sind. Und so ist es nötig, dass Sie sich selbst bedingungslos annehmen, bevor Sie den anderen annehmen können. Auch wenn Sie mit dem einen oder anderen bei sich nicht zufrieden sind, die Diskrepanz entsteht nur in Ihrer Vorstellung: Ich sollte so schlank sein, ich sollte dies und das können, ich sollte so erfolgreich sein, ich sollte so gesund sein. Das sind alles Vorstellungen, die Sie im ersten Schritt akzeptieren sollten, bevor Sie sie ändern können. Nachdem Sie das Problem angeschaut haben, können Sie Ihre Aufmerksamkeit davon abziehen und sie auf das richten, was sein sollte.

Das Leben bekommen wir geschenkt, aber mit der Auflage, *unser* Leben daraus zu erschaffen – und es immer wieder neu zu erschaffen. Wir sind Schöpfer, und das ganze Leben ist ein permanenter Schöpfungsprozess. So können wir uns immer wieder neu erfinden.

Wenn wir von Partnerschaft sprechen, denken wir zunächst an die Beziehung zu unserem Lebenspartner. Aber es geht auch um die Partnerschaft mit sich selbst, und die ist viel wichtiger. Ich muss mir erst einmal selbst der beste Freund und ein guter Gesellschafter sein.

Prüfen Sie, ob Sie sich selbst ein guter Freund sind. Wie äußert sich das, dass ich mein bester Freund bin? Wie drückt sich das aus, was tu ich mir denn Freundschaftliches an? Und bin ich mir ein guter Gesellschafter, kann ich mit mir alleine sein?

Es gibt erstaunlich viele Menschen, denen fällt die Decke auf den Kopf, wenn sie alleine sind. Sie müssen immer etwas unternehmen, unter Leuten sein. Und der Grund dafür ist: Wenn diese Menschen allein sind, werden sie mit sich selbst konfrontiert, mit ihren Aufgaben – und da wollen sie nicht hinschauen. Dabei versäumen sie dann gerade das eigentliche Leben, nämlich sich selbst.

Letztlich geht es um die Partnerschaft mit dem Leben selbst. Sorgen Sie dafür, dass es Ihnen nicht so geht, wie es ein Humorist einmal ausgedrückt hat: »Neulich hatte ich Langeweile, und da bin ich in mich gegangen – aber da war auch nichts los.«

Schauen wir uns einmal unsere Partnerschaft zu uns selbst an. Wir haben ein paar Aspekte schon angesprochen. Zu einer guten Beziehung mit sich selbst gehören Gesundheit und Wohlstand. Wohlstand heißt auch, dass alles »wohl steht«. Sorgen Sie wirklich dafür, dass in Ihrem Leben alles »wohl steht«? Wo steht es denn noch nicht gut und was wäre denn Ihre Art »Wohlstand«, den Sie verwirklichen könnten?

Fragen Sie sich auch: Was an sich lieben Sie noch nicht? Sich selbst zu lieben beinhaltet auch, das Ärgern zu verlernen. Es ist möglich, dass Sie keinen Stress mehr erleben! Denn Stress ist nur eine Fehlhaltung: Man versucht in der zur Verfügung stehenden Zeit mehr zu tun, als man in dieser Zeit schaffen kann. Das funktioniert zwar nicht, aber wir versuchen es immer wieder und geraten unter Druck.

Zu dieser Partnerschaft mit sich selbst gehört natürlich auch die Kunst des Alleinseins, die in der höchsten Form die Kunst des All-eins-Seins ist. Und dazu gehört auch, so zu leben, dass ich Achtung vor mir selbst haben kann, dass ich mich in mir selbst wohl fühle.

Das Leben zu einem Meisterwerk zu machen schließt ein, nie mehr zu arbeiten, also nie mehr einer Beschäftigung nachzugehen, die ich »Arbeit« nennen würde. Sondern vielmehr den Weg der Freude zu gehen und dem Leben zu gestatten, mich fürstlich dafür bezahlen zu lassen, dass ich das tue, was mir ohnehin am meisten Freude macht.

Nehmen Sie sich Zeit und Ruhe, und fragen Sie sich:

- Wie lebe ich die Beziehung zu mir selbst?
- Was fehlt noch in meiner Beziehung zu mir selbst?
- Was kann ich tun, um meine Beziehung zu mir selbst zu verschönern und zu vertiefen?

Schreiben Sie die Antworten in Ihr Tagebuch, vielleicht wollen Sie es ganz ausführlich tun – es sind wirklich entscheidende Fragen.

Die Kunst des Alleinseins

Es ist ein entscheidend wichtiger Schritt, den jeder im Leben lernen muss: die Kunst des Alleinseins. Wir müssen diese Kunst gründlich lernen, denn nie macht man mehr Kompromisse, als wenn man sich einsam fühlt. Wenn Sie mit einem Partner nur deswegen zusammen sind, weil Sie nicht allein sein können, dann ist die Grundlage Ihrer Beziehung nicht ein Ja zum Miteinander, sondern nur das Nein zum Alleinsein. Und das hält auf die Dauer nicht. Erst wenn Sie die Kunst des Alleinseins beherrschen – wenn Sie autonom sind – sind Sie bereit für die wahre Liebe.

Wenn diese Liebe Ihr Glück sein soll, müssen Sie zwei Dinge auflösen: Ihre Angst, nicht genug geliebt zu werden, und das Verlangen, den anderen besitzen zu wollen. Denn wer Angst hat und besitzen will, wird letztlich alles verlieren.

Der Partner als Spiegel

Wenn Sie im Sein aufwachen, sind Sie am Ziel, dann können Sie sich zurücklehnen und das Leben genießen. Dann erleben Sie eine erfüllende Partnerschaft mit dem Leben. Und wenn Sie mit sich im Einklang sind, dann können Sie auch mit Ihrem Partner im Einklang sein.

Jetzt wollen wir uns einmal die Bereiche ansehen, wo das noch nicht der Fall ist: Machen Sie sich einmal bewusst, was Sie an Ihrem Partner oder an einem früheren Partner nicht mögen. Was gefällt Ihnen nicht? Und warum nicht?

Machen Sie sich bewusst, dass das Ihr Urteil ist, und dass es etwas ist, mit dem Sie sich nicht konfrontieren wollen, weil es mit etwas in Ihnen in Resonanz geht, was Sie noch nicht gelöst haben. Was mich an dem anderen stört, macht mich immer nur auf eine Aufgabe in mir aufmerksam und hilft mir damit letztlich, meine Hausaufgaben zu machen.

Wie möchte ich denn, dass mein Partner mit mir umgeht? Vielleicht: rücksichtsvoller, respektvoller, liebevoller, offener … all dies sind ungelöste Aufgaben in mir. Ich möchte, dass der andere respektvoll ist. Dann ist es meine Aufgabe, zu mir selbst respektvoll zu sein. Weil ich mir den Respekt versage, erwarte ich ihn vom anderen. Wo ich nicht offen bin, möchte ich, dass der andere es ist.

Immer wenn ich eine solche Abneigung gegen das Verhalten des anderen spüren, wenn ich von ihm vergeblich etwas erwünsche, dann ist es an der Zeit, für mich selbst einen Schritt zu tun.

Erstellen Sie eine Liste, in der Sie alles festhalten, was Sie sich von Ihrem Partner wünschen. Was sollte Ihr Partner tun? Wie sollte er sich verhalten? Und nun kommt der entscheidende Schritt. Sehen Sie die Punkte auf dieser Liste an – es sind Ihre Hausaufgaben. Machen Sie sich freudig daran, sie zu erledigen.

Auf diesem Weg können und sollten Sie auch Ihre Angst vor Ablehnung auflösen, nicht nur in der Beziehung, sondern allgemein im Leben. Prüfen Sie einmal, ob Sie ganz spontan auf einen fremden Menschen zugehen und ihn ansprechen können. Das sollten Sie üben. Da hilft Ihnen die Übung *Magic Moments.* Aber die Ungewöhnlichkeit dieser Aktion erfordert schon auch ein wenig Courage. Damit werden Sie sicher bald Ihre Angst vor Ablehnung überwunden haben. Also, wenn Sie in dem Bereich Probleme haben, gönnen Sie sich viele »magische Momente«!

Die drei Voraussetzungen für die Liebe

Für eine wirklich erfüllende Beziehung muss sich wirkliche Liebe entwickeln, damit die Liebe auf Dauer Bestand hat. Dafür braucht sie drei Voraussetzungen:

- Ganz wichtig ist erstens die Achtung und Bewunderung für den Partner. Sobald diese Bewunderung zu Ende geht, beginnt das Ende der Beziehung. Also prüfen Sie einmal, ob Sie Ihren Partner achten und bewundern.

- Zweitens brauchen Sie für eine gute Beziehung eine gemeinsame Aufgabe, eine Aufgabe, die beide wirklich begeistert. Machen Sie sich bewusst, was die gemeinsame Aufgabe Ihrer Beziehung ist.
- Und drittens brauchen Sie viel Verständnis – eine Überdosis an Verständnis, auch und gerade, wenn Sie einmal nicht so gut harmonieren. Wenn Sie den anderen nicht verstehen können, machen Sie sich immer wieder das Geschenk Ihrer Partnerschaft bewusst, seien Sie stolz auf Ihren Partner.

Zeigen Sie sich gegenseitig Ihre Zuneigung immer wieder, und zwar in einer Sprache, die der andere auch versteht. Denn braucht eine Frau körperliche Berührung und Zärtlichkeit, dann wird es sie nicht erfüllen, wenn Sie Ihr täglich nur sagen: »Ich liebe dich.« Und dann vielleicht noch so wie der Mann, dessen Frau fragt: »Schatz, wir sind jetzt schon 23 Jahre verheiratet, liebst du mich eigentlich noch?« Und er erwidert: »Ich habe dir damals vor dem Standesamt gesagt, dass ich dich liebe, und solange ich nichts anderes sage, bleibt es dabei!« Es kann sein, dass diese Frau nicht sonderlich glücklich ist …

Machen wir uns bewusst, dass es mit Beziehungen so ist wie mit Blumen: Die meisten zerbrechen nicht, sie verwelken einfach.

Was Liebe nicht ist

Machen wir uns auch bewusst, was Liebe nicht ist. Liebe hat nichts mit der Vorstellung zu tun, den anderen besitzen, verändern oder für sich alleine haben zu wollen. Liebe ist auch nicht die Bedürftigkeit, den anderen zu brauchen und ohne ihn nicht leben zu können. Liebe ist natürlich nicht die Erfüllung all unserer eigenen Bedürfnisse. Liebe ist auch nicht nur ein schönes Gefühl oder ein wohlwollender Gedanke oder ein bestimmtes Verhalten. Liebe kann man nicht tun. Liebe ist es auch nicht, wenn man immer noch beieinander bleibt, obwohl schon längst nichts Verbindendes mehr da ist. Liebe ist auch nicht, wenn man für den anderen alles aufgibt. Liebe ist es auch nicht, wenn man sich im Bett gut versteht (das mag schön sein, aber hat mit Liebe noch nichts zu tun). Wenn der andere meine Erwartungen erfüllt, wenn er mich glücklich macht, dann muss das keine Liebe sein. Liebe ist es nicht, wenn der andere mir jeden Wunsch von den Augen abliest.

Viele warten darauf, dass der andere sie glücklich macht. Das aber funktioniert nicht. Der Spruch eines Weisen beschreibt es am besten: »Die Liebe ist wie eine einsame Berghütte, du findest nur vor, was du mitbringst.«

Vielleicht wollen Sie gleich wieder bei sich schauen: Was bringen Sie denn mit in Ihre Beziehung? Das Beste wäre, wenn sie jetzt nur ein einziges Wort in Ihr Tagebuch schreiben würden: Liebe. Das würde reichen, alles andere ergibt sich daraus.

Um Liebe muss man sich bemühen. Es braucht »Liebesmühe«, um eine wirklich erfüllende Beziehung zu schaffen – und zwar ständiges Bemühen. Worum man sich nicht bemühen muss, das ist meist auch nicht der Mühe wert. Der beste Beweis, dass es sich wirklich um Liebe in einer Beziehung handelt, ist, wenn beide Freude bei dem Gedanken empfinden, gemeinsam alt zu werden. Wie ist das in Ihrer Beziehung?

Stellen Sie sich vor, der andere wird etwas »vollschöner« oder »faltiger« – können Sie ihn immer noch lieben oder lieben Sie mehr sein Äußeres?

Und daran können Sie viel erkennen: Oft wird »Liebe« an Äußerlichkeiten festgemacht und nicht so sehr an dem Wesen des anderen. Wenn Sie ehrlich sind, meinen Sie eigentlich gar nicht den anderen, Sie meinen seine »Verpackung«, und wenn die unattraktiv wird, dann suchen Sie sich einen, der besser »verpackt« ist. Aber an den Inhalt kommen Sie gar nicht erst.

Beziehungen vergehen nicht zufällig, sondern immer wieder wegen der gleichen, unbewältigten Aufgaben. Prüfen Sie einmal, ob das Glück Ihres Partners Bestandteil Ihres eigenen Glücks ist. Wenn das so ist, dann haben Sie eine gute Voraussetzung für eine dauerhafte Liebe. Und wenn es noch nicht der Fall war, können Sie es jetzt gleich ändern – wenn Sie es wollen. Schenken Sie sich beiden diese wundervolle Erfahrung: Machen Sie das Glück Ihres Partners zu einem wichtigen Teil Ihres eigenen Glücks.

Ein weiterer wichtiger Schritt ist es, vom Verliebtsein zur Liebe zu kommen. Der andere macht mich verliebt, aber lieben muss ich selbst. Verliebtsein ist ein magisches Geschehen, viel schöner als alles, was das Leben sonst noch zu bieten hat. Allzu oft ist Verliebtsein lediglich eine Fantasie und eine Vorstellung vom anderen, die mit wirklicher ganzheitlicher, bedingungsloser Liebe noch gar nichts zu tun hat. Viele Menschen schaffen den Schritt vom Verliebtsein zur Liebe nie. Sie sind verliebt in das Verliebtsein und haben so keine Chance, jemals zur Liebe zu finden.

Dabei gibt es nichts Schöneres als wirklich zu lieben. Verliebtsein nimmt mit der Zeit ab, Liebe nimmt mit der Zeit immer mehr zu. Es ist also herrlich, verliebt zu sein, aber wir sollten darüber das Ziel nicht aus den Augen verlieren: zur Liebe zu finden. Das ganze Geheimnis der Liebe besteht darin, zu lieben, Liebe zu geben.

Ego-Probleme verhindern Liebe

Machen wir uns einmal einige Egoprobleme bewusst, die eine wahre Partnerschaft behindern oder verhindern. Wie gehen Sie zum Beispiel mit Untreue um? Für manche ist das einfach das Ende der Beziehung. Das aber ist immer nur ein Zeichen von Unreife: »Ich hätte nie gedacht, dass du mir so was antust!«

Sie können ganz sicher sein, dass er/sie das Ihnen nicht angetan hat, er/sie hat dabei nicht einmal an Sie gedacht. Und was ist daran so schlimm? Ihr Ego ist verletzt. Also macht die Situation Sie nur darauf aufmerksam, dass da noch ein Ego ist. Ihre Vorstellung ist vielleicht verletzt. Ihr Selbstwertgefühl wird angeknackst.

Stellen Sie sich vor, es ist Frühling, Sie gehen in Ihren Garten und da sind viele Blumen aufgeblüht. Sie sehen eine, die in voller Pracht steht, und Sie erfreuen sich an dieser Blume. Und Sie gehen durch den Garten und entdecken noch eine Blume, die ja noch schöner ist. Da kriegen Sie doch auch nicht ein schlechtes Gewissen, weil Sie mehrere Blumen schön finden? Sie genießen alle Blumen.

Gott sei Dank ist es in menschlichen Beziehungen nicht anders: Wir lieben auch oft mehrere Menschen – und alle auf unterschiedliche Art und Weise. Es ist letztlich ein Schritt auf dem Weg zu bedingungsloser Liebe.

Das heißt nicht, dass wir mit allen schlafen sollen. Jede Beziehung ist einmalig: Mit dem spiele ich nur Schach, mit dem anderen Golf, mit einem Menschen kann ich unglaubliche Diskussionen führen, mit dem Partner geh ich ins Bett und tausche Zärtlichkeiten aus. Das heißt also, wir erleben nur einmalige Beziehungen und deswegen kollidiert auch keine Beziehung mit einer anderen.

Was wäre, wenn Sie sich jetzt aus dieser Vorstellung entlassen, dass Untreue eine Belastung ist? In Wirklichkeit ist Untreue eine Aufgabe, eine Aufgabe, sich zusammenzusetzen und zu schauen: Was fehlt bei uns, was du woanders finden wolltest? Können wir das miteinander schaffen? Ohne uns Vorwürfe zu machen. Wenn ich einen Vorwurf mache oder auch nur Kritik übe, bin ich schon in einer Sackgasse, dann gibt es schon keine Lösung mehr. Wenn ich die Situation aber als Aufgabe anerkenne und akzeptiere, dass irgendetwas in der Beziehung fehlt, dann kann es eine Lösung geben.

Fragen Sie sich gemeinsam: Wie können wir das miteinander lösen, wie können wir unsere Beziehung so erfüllend machen, dass wir gar nichts anderes brauchen? Vielleicht ist nur Ihr Ego nicht einverstanden – sonst gibt es eigentlich gar kein Problem.

Prüfen Sie einmal, ob Sie einen reiferen Umgang mit dem so genannten Problem der Untreue haben könnten. Vielleicht werden Sie feststellen, das es in der Essenz überhaupt kein Problem ist. Sie haben nur ein Problem daraus gemacht. Es ist eigentlich eine Aufgabe, eine Botschaft, und Sie können sich dieser Aufgabe stellen und das Notwendige tun.

Auch in der innigsten Liebe kann es zu einer Krise kommen oder zu Krisen. Krisen sind aber ein wesentlicher Bestandteil der Entwicklung eines jeden Menschen. Solange Sie ein Mensch sind, werden Sie immer wieder einmal eine Krise erleben. Sie entsteht, wenn man mit einer unveränderten Einstellung in eine veränderte Situation kommt. Und das ist auch schon, wie immer, ein Teil der Lösung. Ich muss also meine Einstellung ändern – und die Krise ist gelöst.

Schauen Sie einmal hin: Wie ist denn Ihr Umgang mit Krisen? Wenn in Ihrer Beziehung eine Krise auftaucht, ganz gleich worin sie besteht, dann sollten Sie daran eine wichtige Aufgabe sehen. Stellen Sie sich vor, Sie erfahren jetzt etwas Unangenehmes. Zum Beispiel die Untreue Ihres Partners. Wie gehen Sie damit um? Können sie sich dieser Lernaufgabe für Ihr Leben und Ihre Beziehung stellen?

Irgendwann ist eine Beziehung beendet, sie hat keine Chance mehr. Vielleicht will sie der eine noch weiterführen, weil er Angst vor dem Alleinsein hat. Aber wenn eine Beziehung beendet werden muss, dann sollte das liebevoll geschehen. Und das ist eine Kunst. Es ist der nächste Schritt auf dem Weg zur wahren Liebe.

Man schaut zurück und sieht: Am Anfang war das Feuer, und nun ist »der Ofen aus«. Dann kommt die Scheidung als ein Segen. Manche kommen von ihrem Partner nicht los, obwohl sie längst wissen, dass es vorbei ist. Dahinter steht immer die Angst, es alleine nicht zu schaffen. Angst ist aber nie eine Grundlage für eine Beziehung. Wer sich in dieser Situation an seine Familie, seine Freunde, seine Verwandten wendet, bekommt im Zweifelsfall deren Eheprobleme zu hören – aber ganz selten wirkliche Hilfe. In dieser Situation stehen Sie üblicherweise allein da.

In Wirklichkeit sind Sie aber nicht allein, wenn Sie dann den richtigen Schritt und das Einzige tun, was Ihnen eigentlich falsch erscheint. Sie gehen auf Ihren Partner zu und sagen: »Lass uns einmal darüber sprechen. So sehe ich die Situation. Wie gehen wir damit um?« Dann können Sie miteinander die Aufgabe erkennen, vielleicht die Beziehung zu beenden. Finden Sie eine liebevolle Form, auch wenn es nicht leicht ist. Sehr oft kommt jetzt das Ego wieder zum Vorschein und lehnt sich dagegen auf. Das nicht zuzulassen, gehört zur Kunst der Scheidungen.

Miteinander sein

Was eine Beziehung lebendig hält, ist wirkliche Kommunikation. Also finden Sie einen Weg, sich kommunikativ zu erreichen. Eine Beziehung, die sprachlos geworden ist, hat keine Chance mehr. Allein schon, wenn der eine etwas sagt und der andere wieder mit den Augen rollt – das ist Körpersprache, die zeigt, dass es nicht mehr lange dauert, bis diese Beziehung scheitert.

Was dürfen wir also auf diesem Weg zu wahrer Liebe hinter uns lassen? Zu urteilen, Recht haben zu wollen, Erwartungen, Vorstellungen, geliebt werden zu wollen, Recht zu behalten, sich durchzusetzen – all das hat mit Liebe nichts zu tun. Wenn es vorkommt, müssen Sie sich bewusst machen, dass es an Liebe fehlt.

Und was ist in dieser Situation zu tun? Versuchen Sie, sich

und den anderen wirklich anzunehmen, aufmerksam zu sein, authentisch. Sie sollten sich ernsthaft bemühen, ein Wir-Bewusstsein zu schaffen und in diesem Wir-Bewusstsein stimmig zu leben. Und vor allem sollten Sie immer wieder etwas Gemeinsames tun und Ihrem Partner stets aufs Neue das Gefühl geben, etwas ganz Besonderes zu sein.

Was ich seit 18 Jahren sehr erfolgreich praktiziere ist, jeden Tag etwas neues Liebenswertes am anderen zu entdecken. Ich wollte anfangs nur einmal sehen, wie lange das geht, bis man alles entdeckt hat. Ich wurde überrascht: Ich entdecke bis heute jeden Tag immer noch etwas Neues, manchmal sogar zwei, drei Dinge, die ich mir bisher noch nicht bewusst gemacht hatte. Machen Sie dies zu einer Übung Ihres 21-Tage-Prozesses, und Sie werden immer wieder etwas neues Schönes an Ihrem Partner entdecken.

Wann immer es knistert, wann immer etwas nicht stimmt, sollten Sie auf den anderen zugehen, ihn bei der Hand nehmen und miteinander zusehen, wie Sie beide mit der Situation umgehen können. Betonen Sie gerade in diesen Situationen das »Wir«, und finden Sie miteinander einen Weg.

Bringen Sie Leben in Ihr Zusammenleben, nehmen Sie sich Zeit füreinander. Sprechen Sie öfter über das, was Sie wirklich bewegt. Und vor allem: Spielen und lachen Sie wieder miteinander!

Schaffen Sie sich gemeinsam »magische Momente«, es können kleine Augenblicke sein, die Sie gemeinsam bewusst gestalten und erleben. Das kann ein Kaffeetrinken in einem schönen Kaffeehaus sein oder ein Kinoabend.

Machen Sie sich bewusst, wie schön es ist, dass Sie sich haben. Schieben Sie Ihre *Magic Moments* nicht auf! Setzen Sie sich heute noch zusammen, und überlegen Sie, wie Sie mehr Freude in Ihre Beziehung bringen können, und verwirklichen Sie Ihren Traum gemeinsam.

- Stellen Sie sich vor, Sie hätten sich gerade erst kennengelernt.
- Spielen Sie ab und zu einmal »König« und »Königin« und verwöhnen Sie den anderen einen Tag lang. Bringen Sie ihm oder ihr das Lieblingsfrühstück ans Bett. Nehmen Sie sich Zeit dafür.
- Beschenken Sie Ihren Partner immer wieder ohne besonderen Anlass. Seien Sie dabei fantasievoll. Registrieren Sie, dass es außer Blumen und Pralinen noch andere Geschenke gibt. Schenken Sie immer wieder etwas Neues, zum Beispiel Wortgeschenke, eine besondere Massage, eine Fahrradtour in der Umgebung.
- Gehen Sie miteinander auf den Flohmarkt oder ins Theater, oder lernen Sie miteinander Spanisch oder Tai Chi.
- Träumen Sie gemeinsam schöne, interessante Träume, und schreiben Sie sich öfter einmal Liebesbotschaften.
- Lassen Sie sich von der Übung *Magic Moments* inspirieren, um die positive Energie von Tat- und Wortgeschenken auch auf Ihre Partnerschaft zu übertragen.

Jede liebevolle Handlung verstärkt das Gefühl der Liebe füreinander. Jede lieblose Handlung vermindert dieses Gefühl. Durch viele liebevolle Handlungen können wir ein Liebesgefühl, das auf Sparflamme gedreht ist, wieder entflammen. Lassen Sie sich überraschen, wie schnell diese Methode wirkt: eine Tasse Kaffee ans Bett gebracht, eine zärtliche Massage, ein kleiner Zettel mit einer Liebesbotschaft – diese simplen Dinge beleben die Gefühle füreinander.

Erleben Sie die gemeinsamen Augenblicke der Muße, des Vergnügens, des Spiels bewusst. Erkennen Sie gemeinsam, dass Sie hier sind, um Freude zu erleben und zu spielen – das ganze Leben hindurch.

Spielen ist nicht nur etwas für Kinder, es bedeutet auch Lebenskraft für uns Erwachsene. Spielen erhält uns im Herzen jung, gibt uns Motivation für unsere Arbeit und hilft uns ganz besonders in unseren Beziehungen. Es verjüngt uns und lässt uns aus dem Vollen leben.

Viele Menschen empfinden ein ständiges Bedürfnis, produktiv sein zu müssen – wir haben gelernt zu schaffen und verlernt zu *sein*. Und wenn Sie in Ihrer Beziehung das Gefühl haben, es ist langweilig, dann fragen Sie sich gegenseitig, was Ihnen beiden Freude macht, was Sie gerne tun. Erleben Sie das Leben mehr spielerisch. Denn Spielen macht alle Aspekte des Lebens sinnvoller und lustvoller. Spielen hilft uns auch körperlich: Zahlreiche wissenschaftliche Studien belegen, dass Spielen und Lachen Stress abbauen und im Körper eine Ausschüttung von Substanzen auslösen, die seelische Aufheller sind. Und Lachen ist eine wahre Medizin, die sich selbst nachfüllt, je mehr Sie lachen.

Leider ist in unserer Gesellschaft die Vorstellung, dass wir leben, um Vergnügen zu haben, verpönt. Viele sind in Familien aufgewachsen, wo sie regelmäßig gefragt wurden: »Was hast du heute gemacht? Was hast du geleistet?« Dann mussten sie alles Produktive aufzählen, um zu zeigen, dass sie keine Zeit vergeudet haben. Auch jetzt noch als Erwachsene neigen wir dazu, unsere Leistungen aufzuzählen, anstatt zu sagen, was wir aus reinem Vergnügen getan haben. Gerade in Beziehungen sollten wir es aber genießen, wieder zu spielen – ganz gleich in welcher Situation wir stecken. Verabreden Sie sich beide wieder zum Spielen! Beginnen Sie damit, zu lernen, dem Spielen wieder einen eigenständigen Wert einzuräumen. Und dann schenken Sie sich gegenseitig Spielzeit.

Bedenken Sie, dass Spielen mehr ist, als hin und wieder einen unbeschwerten Augenblick zuzulassen. Reservieren Sie regelrecht Zeit zum Spielen in Ihrem Leben. Es gibt tausend Möglichkeiten, das Spielen wieder ins Leben einzuführen. Üben Sie, spontan Einladungen anzunehmen, blödeln Sie wieder! Spiele wie Tennis oder Golf sind natürlich eine wunderbare Sache, wenn Sie sie wirklich spielerisch sehen und Spaß dabei haben. Bedenken Sie, jede Form von Spiel kann auch wieder in Produktivität ausarten. Wenn wir das Spiel zu ernst nehmen, dann verlieren wir die Freude daran.

Und feiern Sie wieder! Heben Sie sich die Freude daran nicht nur für besondere Anlässe auf, sondern ergreifen Sie jede Gelegenheit zum Feiern. Den schlimmen Ereignissen räumen wir genügend Zeit ein, widmen wir doch den guten ebenso viel, am besten noch mehr Zeit: Feiern Sie, dass ein Freund vorbeikommt, feiern Sie ein Essen, zelebrieren Sie den Feierabend, feiern Sie das Leben!

Gönnen Sie sich auch selbst Zeit! Sie brauchen Zeit für sich selbst und Zeit, die Sie zusammen mit Ihrem Partner ganz alleine verbringen!

Überprüfen Sie auch immer wieder einmal, welcher Aspekt in Ihrer Beziehung jetzt gerade wichtig ist – und sagen Sie es dem anderen. Lassen Sie ihn nicht im Unklaren.

Der Umgang mit der Wahrheit

Es gibt ein weises Wort: »Sagen Sie in Ihrem Leben immer die Wahrheit – es sei denn, Sie haben schon genug Feinde!« Die meisten Menschen können nämlich die Wahrheit nicht vertragen.

Gehen Sie mit der Wahrheit behutsam um. Ich halte es mit Voltaire: »Sagen Sie die Wahrheit, aber ob Sie jede Wahrheit sagen sollen, das sollten Sie sehr sorgfältig prüfen.« Es gibt da keinen Maßstab, der allgemein gültig ist. Ich möchte Ihnen nur ans Herz legen, immer sehr sorgfältig zu prüfen, wie Sie mit der Wahrheit umgehen. In Wirklichkeit ist es ganz einfach: Wenn ich den anderen wirklich liebe, dann weiß ich, was dieser Liebe dient und was nicht und wann es angebracht ist zu schweigen.

Inge Meisel hat einen schönen Spruch geprägt: »Eine gute Beziehung basiert auf vielen kleinen Aufmerksamkeiten und ab und zu auf einer großen Unaufmerksamkeit.« Ich weiß genau, die Hälfte meiner Beziehungen zu Menschen würde daran zerbrechen, wenn ich immer direkt sage, was ich nicht richtig finde.

Prüfen Sie, ob Sie die Größe haben, liebevoll mit den Dingen umzugehen und so manches einfach nicht zu beachten und anzusprechen. Denn der wichtigste Maßstab ist nicht die Wahrheit oder irgendein Ideal oder eine Vorstellung, der wichtigste Maßstab ist immer die Liebe zum anderen.

Ich frage mich dann: Dient das der Liebe und hilft das dem anderen, wenn ich das sage? Wenn die Antwort »Nein« ist, dann schweige ich.

Die sieben Schlüssel für eine erfüllende Partnerschaft

- Der erste Schlüssel: Glauben Sie daran, dass die Liebe auf Sie wartet, und sorgen Sie dafür, dass sie Sie erreicht. Sie können jederzeit beginnen, indem Sie anfangen zu lieben, denn indem Sie anfangen zu lieben, hat es gerade begonnen. Sie brauchen auf nichts zu warten. Es lag immer schon in Ihrer Hand.
- Der zweite Schlüssel: Hören Sie auf, den anderen ändern zu wollen. Lieben Sie ihn einfach. Lieben Sie ihn so, wie er ist. Entscheiden Sie sich ganz für ihn, lassen Sie sich ganz auf ihn ein.
- Der dritte Schlüssel: Machen Sie sich kein Bild vom anderen, sondern fangen Sie an, ihn wahrzunehmen, ihn so zu sehen, wie er wirklich ist. Vielleicht begegnen Sie zum ersten Mal seinem wahren Sein.
- Der vierte Schlüssel: Lieben lernen ist ein lebenslanger Prozess, der nie beendet ist. Überschütten Sie den anderen mit Liebe.
- Der fünfte Schlüssel: Machen Sie Ihre Liebe nicht vom Verhalten des anderen abhängig; denn die Liebe selbst ist der Lohn der Liebe. Geben Sie dem anderen das Gefühl, etwas ganz Besonderes zu sein, bewundern Sie Ihren Partner – auch und besonders im Streit. Bleiben Sie fair, bleiben Sie in der Liebe.
- Der sechste Schlüssel: Lassen Sie jedes »Warum?« Ganz gleich, was die Schwierigkeit in Ihrer Beziehung ist: Die Antwort auf jede Frage und die Lösung für jede Unannehmlichkeit ist Liebe.

- Der siebte Schlüssel: Lieben Sie alles und alle: das Leben, die Liebe, sich selbst, das Sein.

Kennen Sie das Buch des japanischen Forschers Dr. Masaru Emoto, der Untersuchungen der Kristallstrukturen des Wassers gemacht hat? Er hat unter dem Elektronenmikroskop beobachtet, wie Worte die Kristallstruktur des Wassers dramatisch verändern können. Die Strukturen wandeln sich, je nachdem, ob ein ärgerlicher Gedanke geäußert wird oder ein wohlwollender oder ein liebevoller oder wenn ein Segen ausgesprochen wird. Im gleichen Augenblick, wenn das Wort ausgesprochen wird, nimmt das Wasser eine bestimmte kristalline Molekularstruktur an: Es sieht bei einem positiven Wort wie »Liebe« aus wie ein Edelstein. Wird aber ein negatives Wort gesprochen oder ein Fluch, dann zerfällt die Struktur des Wassers sofort und nimmt eine hässliche amorphe Form an.

Das bedeutet aber auch, dass jedes Ihrer Worte sofort die Umwelt verändert. Stellen sie sich einmal vor, was mit Ihrem Körper passiert, der zu siebzig Prozent aus Wasser besteht, wenn Sie ein negatives Wort sagen oder ein positives! Sie sagen ein einziges liebevolles Wort und siebzig Prozent Ihres Körpers ändern sofort ihre Molekularstruktur: Sie nehmen eine wunderschöne Kristallform an.

Sie erkennen, welche enorme Wirkung Worte haben: Sie ist in der Molekularstruktur der Materie nachweisbar, reproduzierbar, fotografierbar!

Und jetzt können Sie sich vorstellen, was geschieht, wenn Sie mit Ihrem Partner streiten, wenn Sie Recht haben wollen, wenn Sie urteilen, wenn Sie Vorwürfe machen: Wenn Sie auf dieser Ebene miteinander sprechen, ist das körperlich eine Katastrophe. Die Molekularstruktur Ihres Partners und auch Ihre eigene ändert sich innerhalb von einer Sekunde.

Es gibt fünf magische Worte, die Ihnen in diesen kritischen Augenblicken helfen werden. Fragen Sie sich: »Was würde Liebe jetzt tun?« Wenn Sie jedes Mal, wenn es »kritisch« wird, ganz einfach fünf Sekunden lang innehalten und sich diese Frage stellen, kommt die Situation in Ordnung.

Sie können durch diese stille Frage wieder zu Bewusstsein kommen. Werden Sie sich darüber bewusst, wie dankbar Sie sind, dass es den anderen gibt, dass er sein Leben mit Ihnen teilt, dass Sie beide einen gemeinsamen Weg gehen.

Was wir in der Liebe suchen, können wir nur in uns selbst finden. In Wirklichkeit suchen wir die Einheit mit der einen Kraft, mit dem einen Selbst. Früher oder später stoßen wir auf die vielleicht erschütternde Wahrheit, dass es letztlich nur eine Liebesbeziehung geben kann – die Verbindung zwischen dem äußeren Menschen und dem inneren Sein. So wird der Weg der wahren Liebe zu einem Weg der wachsenden Vertrautheit und Identifikation mit der Quelle in uns.

Das, was wir in Wirklichkeit suchen, ist die Einheit mit uns selbst. Auf diese Weise wird die Liebe letztlich zu einem Tor, zu einem Weg der Einweihung und der Erfahrung der kosmischen Einheit und wir erkennen irgendwann, dass die Einheit mit dem Ganzen nicht unbedingt Beziehungen zu anderen Menschen braucht. Andererseits kann gerade dadurch jede Beziehung zu einer großartigen Bereicherung werden. Dann begegnen Sie dem Sein in jedem Menschen, in allem, was ist.

Das Ziel einer Partnerschaft sind zwei Menschen, die aneinander und miteinander heil geworden sind. Es liegt von nun an in Ihrer Hand. Machen Sie sich bewusst, dass eine echte Liebesgeschichte nie ein Ende hat, sondern immer nur einen Anfang.

Vielleicht beginnt in diesem Augenblick für Sie die ideale Beziehung dadurch, dass Sie selbst ein idealer Partner werden. Wir sind nicht auf der Welt, um geliebt zu werden, sondern um zu lieben, um Liebende zu werden. Und Ihr nächster Schritt könnte sein, ein Segen für jeden zu sein, der das Glück hat, Ihnen zu begegnen.

Kraftvolle Gedanken für harmonische Beziehungen

Die richtigen Gedanken über andere sind positiv und liebevoll. Jeder negative Gedanke über den anderen ist ein Angriff auf uns selbst. Woran liegt das? Was immer in meinem Kopf an Gedanken und Überzeugungen vorhanden ist, wird die Welt, meine Umgebung mir spiegeln. Wenn Sie liebende und positive Gedanken über Ihre Mitmenschen, Ihren Partner nähren, werden Sie diese gespiegelt bekommen. Das Ergebnis sind von Liebe getragene, nährende Beziehungen. Nutzen Sie möglichst oft die folgenden Affirmationen.

Ich öffne mich der Liebe des Universums.
Ich fühle mich frei, sicher und stimmig.
Ich vertraue.

Sex und Liebe machen Spaß.
Ich öffne mein Herz meinem Partner.
Ich nehme mich voll und ganz an.
Ich liebe meine erotischen Fantasien.
Ich nehme mir Zeit und genieße mein Leben.
Ich begegne meinem Partner in Liebe.
Ich bin dankbar für meine harmonische Partnerschaft.
Ich achte die Wünsche meines Partners.
Ich genieße das Leben in harmonischer Partnerschaft.
Ich erlaube mir, Sex und Intimität zu genießen.
Intimität macht Freude.
Auch Zärtlichkeit macht Freude.
Ich bin ein idealer Partner.
Ich lebe in einer idealen Partnerschaft.
Ich erlebe mein Leben mit allen meinen Sinnen.
Ich bestärke meinen Partner.
Ich bin dankbar für das Geschenk der Partnerschaft.
Ich fühle mich sicher und geborgen.
Ich bin kraftvoll, vital und lebensfroh.
Ich liebe mich selbst und ich liebe meinen Partner.
Ich liebe das Leben und das Leben liebt mich.

Kapitel 5
Selbstbewusstsein und Lebensvision

Wenn Sie gesund und erfolgreich sind und die Liebe als Ihr wahres Wesen erkannt haben, dann sind Sie zu Bewusstsein gekommen, dann erkennen Sie: Nichts in diesem Universum geschieht zufällig. Also haben Sie natürlich auch nicht zufällig dieses Buch gekauft und gelesen, sondern weil es Zeit ist, ganz zu erwachen, hervorzutreten und im Sein zu leben.

Selbstbewusstsein, was heißt das? Schauen wir uns das Wort einmal an. Es enthält eine ganze Lebensphilosophie, eigentlich dreht sich das ganze Buch darum, das Inhaltsverzeichnis, die Texte, die Übungen – es enthält alles, was zu tun ist.

Beginnen wir mit dem *Selbst.* Was bedeutet »ich selbst«? Der zu sein, der ich wirklich bin. Es erfordert, alle Identifikationen loszulassen. Und um sie loslassen zu können, müssen wir sie natürlich zuerst erkennen. Wir sind auf dem Weg zu entdecken und zu erleben, wer das ist, zu dem ich »Ich« sage.

Der nächste Wortteil ist *»bewusst«.* Was bedeutet das: *»selbstbewusst«?* Es heißt, ich sollte mir dieses Selbsts, meiner eigenen Existenz, bewusst werden. Und bewusst werden bedeutet nicht, etwas darüber zu lernen und zu wissen, sondern es praktisch zu erfahren. Es geht um Ihre Antwort auf die Frage: »Was erlebe ich ganz bewusst von diesem Selbst?«

Erforschen und erspüren Sie Ihr Selbst, sich selbst, wieder praktisch: Seien Sie einmal ganz bewusst da, wo Sie sind, in Ihrem Körper, auf Ihrem Stuhl, in Ihrem Raum. Und denken Sie sich nicht nur, sondern erfahren Sie sich dort, wo Sie sind, ganz bewusst. Seien Sie ganz präsent, ganz geistesgegenwärtig. Und dann kommt ganz automatisch Achtsamkeit: Bewusst sein heißt auch, achtsam zu sein. Im Gegensatz zur Aufmerksamkeit richten Sie Ihre Wahrnehmung nicht auf etwas Bestimmtes, sondern sind rundum bewusst. Sehen Sie sich einmal als Mittelpunkt des Universums, alles andere geschieht um Sie herum.

Bleiben Sie sich Ihrer selbst bewusst, während Sie durch den heutigen Tag gehen. Seien Sie einfach präsent und ganz da. Nehmen Sie nur wahr, erleben Sie, was geschieht.

Der letzte Wortteil ist *Sein:* Selbstbewusst-sein. Was bedeutet das, zu sein? Wie ist Sein erfahrbar? Irgendwie spüren Sie, dass es Sie gibt, Sie erleben Ihre Existenz. Wie erfahren Sie diese Existenz, wie nehmen Sie sie wahr?

Wir nehmen uns über das Gefühl wahr. Und über die Atmung, denn ein Aspekt des Lebens ist die Atmung. Über dieses Geschehen erfahren und erleben wir unsere Existenz. Besonders gut können Sie das erspüren, wenn Sie die oben beschriebene Kerzenübung »In sich selbst ruhen« üben.

Sie haben vielfältige Möglichkeiten wahrzunehmen, dass es

Sie gibt. Und es ist ein erster Schritt auf dem Weg zum Selbstbewusstsein, dass Sie anfangen, sich ganz bewusst zu erleben. Sie werden sich dann auch immer klarer darüber, wen Sie meinen, wenn Sie »Ich« sagen.

Sie können ja nur zu dem »Ich« sagen, der Sie wirklich sind. Also können Sie letztlich nicht »Ich« sagen zu Ihrer Persönlichkeit, denn Sie *haben* eine Persönlichkeit. Sie können auch nicht »Ich« sagen zu Ihrem Verstand, denn Sie *haben* einen Verstand. Sie können auch nicht »Ich« sagen zu Ihrem Körper, denn Sie *haben* einen Körper.

Aber ist da jemand, der diesen Körper hat, jemand, zu dem Sie »Ich« sagen? Wenn Sie sich das fragen, dann werden Sie erkennen: Alles, was ich benennen kann – Unterbewusstsein, Gefühl, Gedanken, Erfahrung, Name – bin ich nicht. Das Einzige, was Sie über sich sagen können, ist: »Ich bin. Mich gibt es.«

Wir alle sind auf dem Weg zu uns selbst, zu der Wiedervereinigung mit uns selbst. Aber auf diesem Weg zu uns selbst haben wir uns selbst aus den Augen verloren. Wir haben angefangen, uns mit einem Ich zu identifizieren, das wir ganz sicher nicht sind. Der Sinn der Evolution aber ist es, zu sich selbst zu erwachen, um zu leben als der, der wir wirklich sind. In diesen Prozess bewusst einzusteigen, das ist der Beginn des eigentlichen Lebens, so wie wir von der Schöpfung gemeint sind. Wir können sagen, bis zu einem gewissen Punkt existieren wir. Von einem Moment zum anderen aber werden wir bewusst, und dann beginnt das eigentliche Leben, das bewusste Sein – wir sind selbstbewusst geworden. Auf diesem Weg machen wir irgendwann einmal den endgültigen Schritt vom Opfer zum bewussten Schöpfer.

Also prüfen Sie selbst: Habe ich diesen Schritt vollzogen, oder bin ich noch irgendwo ein Opfer? Reagiere ich auf die Umstände? Kann man mich noch ärgern, beleidigen, kränken oder verletzen? Wenn ich oft so reagiere, dann habe ich diesen Schritt vom Opfer zum bewussten Schöpfer noch nicht vollzogen. Prüfen Sie einmal, ob Sie bereit sind, von jetzt an einfach nicht mehr zu reagieren.

Vielleicht sagen Sie: Das ist ja unmenschlich! Und genau das ist es! Fangen Sie an, »unmenschlich« zu sein, aber natürlich nicht in der negativen Bedeutung des Wortes. Hören Sie auf, sich zu identifizieren mit einem Menschen, denn in Ihrer Essenz sind Sie keiner und waren nie einer. Sie treten nur als Mensch in Erscheinung. Sie sind in Ihrer Essenz Bewusstsein. Und Selbstbewusstsein ist, wenn Sie sich dessen bewusst werden. Sie sind gar kein Mensch, Sie treten nur als Mensch in Erscheinung, und dabei nehmen Sie sich als Bewusstsein wahr.

Bewusst werden

Die Welt erwartet von uns, dass wir ständig etwas machen, und so kommen wir gar nicht zum Sein. Das Tun verlangt Wissen, Können und den Einsatz des Intellekts. Das Sein verlangt Zeit zur Selbstbesinnung und Intelligenz. Sitz des Intellekts ist die linke Gehirnhälfte, die den Mikrokosmos repräsentiert. Sitz der Intelligenz ist die rechte Gehirnhälfte in Verbindung mit dem Herzen, die den Makrokosmos repräsentiert. Erst beides zusammen ergibt ein Ganzes. Heute regiert der Intellekt über die Weisheit mit allen Folgen, die das nach sich zieht. Der Intellekt handelt logisch, rational und gefühllos, ohne Herz.

Ohne Verbindung zum Herzen haben wir keine bewusste Verbindung zum Leben und damit zu uns selbst.

Wir alle *haben* Bewusstsein, aber kaum jemand ist »bei Bewusstsein«. Wir identifizieren uns mit unserer kleinen Persönlichkeit und vergessen unsere wahre Größe, unser wirkliches Sein.

Es wird Zeit, dass wir unseren kleinen Verstand überschreiten und wieder in die Grenzenlosigkeit des Bewusstseins eintreten, nach innen lauschen und wahrnehmen, wer wir wirklich sind. Sobald das geschieht, ist uns unsere bisherige Persönlichkeit zu klein, wir lassen unsere »Alltagspersönlichkeit« los und fangen an zu leben, als der, der wir wirklich sind.

Lassen Sie uns miteinander eintreten in das Geheimnis des Lebens und entdecken, was das Leben uns zu sagen hat. Wir können die Sprache des Lebens, die wichtigste Fremdsprache, lernen und im Einklang mit dem Leben einfach *sein*. Uns bewusst entscheiden, ob wir unser »Ich« glücklich machen wollen oder uns selbst, den, der wir wirklich sind. Es geht hier um eine tiefe Beziehung zu dem Phänomen Leben, denn hinter der Selbstverständlichkeit unserer biologischen Existenz verbirgt sich der fast unbekannte Bereich des »wahren Seins«.

Denn Bewusstsein ist das, worum sich alles im Spiel des Lebens dreht. Dazu muss aber die Ich-Umklammerung des Selbsts gelöst werden. Erwachen Sie zu sich selbst und treten Sie hervor, um als Meister und Schöpfer zu leben, als der, der Sie wirklich sind.

Es war schon vor Jahrtausenden bekannt, dass sich um meditierende Menschen ein Energiefeld von den Proportionen einer Basilika aufbaut. Die Baumeister haben es architektonisch nachempfunden und die energetische Wirklichkeit in eine materielle Form gebracht. Sie haben im wahrsten Sinne des Wortes geistige Energie zu Materie werden lassen.

Ein eindrucksvolles Beispiel dieser Kräfte ist ein Ereignis während der Atombombenexplosion in Hiroshima. Still und weitgehend unbemerkt hat eine Gruppe meditierender Mönche nahe dem Zentrum des Einschlags das Inferno ohne akute Verletzung und Spätschäden überstanden.

Das Zu-Bewusstsein-kommen kann man auch mit einer Bergbesteigung vergleichen: Ich befinde mich zunächst in einem engen Tal, mehr oder weniger nah am Fuß des Berges. Das heißt, mein Bewusstsein ist noch nicht erwacht und gleicht einem engen Tal mit sehr begrenztem Horizont. Will ich auf den Berg, will ich mich also dem Bewusstsein nähern, kann ich von meinem Standort aus nur in eine bestimmte Richtung gehen. Ich muss also zunächst einmal zu Bewusstsein kommen. Erst dann kann ich mein Bewusstsein erheben und mit der eigentlichen Bergbesteigung beginnen.

Habe ich mich so auf den Weg zu mir selbst gemacht und bin »zu Bewusstsein gekommen«, beginnt der Aufstieg. Nun muss ich die Richtung, den Weg und mein Tempo bestimmen. Ich kann rechts herum oder links herum gehen und obwohl es entgegengesetzte Richtungen sind, gelange ich in beiden Richtungen zum gleichen Ziel. Ich kann sogar auf der direkten Route, steil hinauf, zum Gipfel gelangen. Wir alle sind, sobald wir erwacht sind, auf dem Weg zum Gipfel, zum Höchsten Bewusstsein.

Aber was geschieht, wenn wir nun anderen begegnen? Wir streiten uns, weil jeder meint, nur seine Richtung kann die richtige sein, schließlich kommen wir ja gerade aus der Richtung, in die der andere gehen will, und natürlich halten wir auch unser Tempo für das einzig richtige, denn wer schneller geht, der wird nur vor dem Ziel müde, und wer langsamer geht, der wird das Ziel nie erreichen. Solange wir uns aber streiten und uns gegenseitig aufhalten, kommt keiner ans Ziel. In Wirklichkeit führt jeder Weg früher oder später zum Gipfel, wenn wir ihn nur konsequent zu Ende gehen.

Es gibt gut ausgebaute Wege mit Sicherungen an den gefährlichen Stellen und es gibt schmale Pfade, die unsere ganze Aufmerksamkeit und Kraft erfordern. Es gibt auch die bequeme Möglichkeit der Bergbahnen, die den verschiedenen Kirchen entsprechen, und die individuellen Sessellifte, die den unzähligen Sekten entsprechen. Hier ist der Aufstieg zwar bequem, aber ich erreiche so immer nur die Bergstation und nie den Gipfel. Die letzten Schritte der eigenen Erfahrung des Selbsts muss ich selbst machen und dazu natürlich die Bergbahn oder den Sessellift verlassen.

Es kann aber vorkommen, dass ich oben zwar aussteige, aber über der schönen Aussicht meine Gipfelsehnsucht vergesse oder gar glaube, schon am Ziel zu sein. Deshalb ist es hilfreich, einen Bergführer zu engagieren, der den Weg aus eigener Erfahrung kennt, weil er den Gipfel schon mehrmals erstiegen hat. Wenn ich den Berg erstiegen habe, kann auch ich schon anderen, die noch nicht bis dahin gekommen sind, zum Führer werden. Im Grunde sind wir alle Geführte und Führer zugleich.

Je näher ich dem Gipfel komme, desto stärker weht der Wind, aber umso stärker wird auch die Sehnsucht. Letztlich lasse ich mich durch nichts mehr aufhalten, kenne nur noch ein Ziel: endlich den Gipfel zu erreichen. Habe ich aber das

Ziel endlich nach vielen Mühen erreicht, erkenne ich, dass ich nicht ausruhen kann, denn »Wer sich auf seinen Lorbeeren ausruht, trägt sie an der verkehrten Stelle«. Vielmehr erkenne ich, dass der Weg das Ziel und das Ziel nur das Ende des Weges ist. Also mache ich mich wieder auf den Weg nach unten, um den vielen Menschen zu helfen, die den Weg zum Gipfel noch nicht gefunden haben.

Ich erfülle dann meine individuelle Lebensaufgabe und kann nun einen angemessenen Teil der allgemeinen Menschheitsaufgabe übernehmen, denn der Weg ist erst beendet, wenn alle auf dem Gipfel angekommen sind. Jeder trifft so auf seinem Weg zum Gipfel immer wieder einmal einen solchen Bergführer, der ihn ein mehr oder weniger großes Stück des Wegs zum Gipfel führt. Und begegnen sich Bergführer untereinander, dann erkennen Sie sich und tauschen ihre Erfahrungen aus, um so den ihnen Anvertrauten immer besser helfen zu können.

Das Leben bietet viele Möglichkeiten, sich zu entwickeln, aber nur wenige Wege führen zu einer wirklichen Transformation. Wir kehren voller Begeisterung und mit neuem Bewusstsein von einem Seminar an unseren alltäglichen Platz zurück und versuchen, den neuen Erkenntnissen entsprechend zu leben. Wir setzen unseren Willen ein und so gelingt uns manches eine Zeit lang. Aber da wir nicht ständig bewusst handeln und der Wille irgendwann erlahmt, fallen wir bald in unser früheres Verhalten zurück. Denn die alten Strukturen in unserem Bewusstsein, unserer Persönlichkeit und unseren Gewohnheiten haben sich nicht wirklich verändert. Wir sind enttäuscht von uns, besuchen wieder einmal ein gutes Seminar, lesen ein neues Buch, und das Spiel beginnt von vorn.

Die neuen Erkenntnisse sind zwar Teil unseres Bewusstseins geworden, nicht aber die daraus resultierende Änderungen in unserem Verhalten. Mit dem Willen können wir diese Strukturen nur nach langer Übung überwinden, indem wir sie durch Wiederholung ein neues Verhalten schaffen. Zuverlässiger und schneller ist der Weg der bewussten Wahl. Wir brauchen uns hierbei nur die jeweils vorhandenen Möglichkeiten bewusst zu machen und uns für ein bestimmtes Verhalten zu entscheiden.

Unzählige Male am Tag treffen wir so eine Wahl, tun wir es entsprechend unserer neuen Erkenntnisse, dann geben wir unserem Unterbewusstsein damit ein Bild des neuen, erwünschten Verhaltens und schaffen letztlich eine neue Gewohnheit. Damit ist sichergestellt, dass wir uns auch dann stimmig verhalten, wenn wir unbewusst handeln.

Wir treffen tagtäglich unzählige Entscheidungen, die einzige Schwierigkeit ist also, das ab jetzt bewusst zu tun. Nur so lernen wir, frei und unabhängig von dem Einfluss anderer unser Verhalten zu wählen. So können wir den Prozess der Bewusstseinsveränderung, den wir in den 21 Tagen unseres Prozesses begonnen haben, auch danach in jedem Augenblick fortsetzen und lassen so wirklich Transformation geschehen.

Seien Sie Sie selbst!

Stellen Sie sich einen Schwan auf einem See vor. Wie beschreiben Sie ihn?

Und der Schwan an Land, wie beschreiben Sie ihn?

Der Schwan begegnet dem Hasen, er erkennt, dass er nicht so schnell laufen kann.

Er begegnet dem Affen und stellt fest, dass er nicht klettern kann.
Er trifft den Bären und muss zugeben, dass er nicht so stark ist.
Er erkennt nun seine Schwächen und übt, um sie auszugleichen.
Das Ergebnis ist Frustration, auch mit aller Anstrengung ist es nicht zu schaffen.
Er hat seine Stärken, sich selbst, seine Einmaligkeit vergessen.

Leben Sie Ihre Einmaligkeit!
Seien Sie ein Original: Seien Sie Sie selbst.

Ziel dieses 21-Tage-Prozesses

Ziel dieses 21-Tage-Prozesses ist es nicht, Ihr Wissen zu vermehren – davon haben Sie bereits genug. Nicht einmal die Weisheiten, die Ihr Leben sehr bereichern können, sind so wichtig. Viel wichtiger ist es mir, Ihnen einen Weg zu zeigen, wie Sie wieder zu sich selbst, wie Sie »zu Bewusstsein« kommen.

Wir sollten endlich aufhören, unser Wissen immer noch zu vermehren, vielleicht sogar eine Weisheit zur anderen zu fügen – wir sollten vielmehr anfangen, das, was wir als richtig erkannt haben, auch gleich praktisch zu leben. Und zwar nicht über den Umweg des strengen Erlernens und dem disziplinierten Zwang, es dann auch regelmäßig zu tun, sondern indem wir das Stimmige sofort in unser Bewusstsein integrieren und aus diesem sich ständig verändernden Bewusstsein heraus leben. Nicht irgendwann vielleicht einmal, sondern sofort und gleich jetzt.

Lassen Sie also alles, was Sie in diesem Buch gelesen haben und innerlich bejahen, gleich Teil Ihres Bewusstseins werden.

Integrieren Sie es sofort in Ihr Sein. Lesen Sie nicht mit dem Verstand, sondern erleben Sie es als Bewusstsein, als der, der Sie wirklich sind.

Entscheiden Sie sich, immer – auch nach dem 21-Tage-Prozess – den Weg des Seins zu gehen. Identifizieren Sie sich mit sich selbst, und spüren Sie, wie jedes Wort gleich in Ihnen wirkt. Lassen Sie sich in jedem Augenblick verändern. In diesem Bewusstsein kann sogar Bekanntes Ihr Leben entscheidend verändern, Sie müssen es nur zulassen. Lassen Sie Weisheit unmittelbar in sich geschehen, und erleben Sie es bewusst mit.

Ich habe dieses Buches verfasst, um Ihnen zu helfen, zu Bewusstsein zu kommen. Erleben Sie schon das Lesen des Buches als Bewusstsein! Und bleiben Sie bei Bewusstsein. Und das ist nicht der anstrengende Weg, ständig aufpassen zu müssen und bei allem und jedem zu prüfen, ob es so auch richtig ist. Ich empfehle Ihnen vielmehr, selbst stimmig zu sein und nur zu schauen, ob das, was Ihnen begegnet, so zu Ihrem Stimmigsein passt, ob es zu Ihnen gehört. Und das ist alles andere als anstrengend – es ist Leben in der Leichtigkeit des Seins. Alles wird ganz selbstverständlich, ganz einfach.

Sie müssen nichts lernen, nicht an sich arbeiten, Disziplin halten, sich gar zwingen. Sie brauchen sich nur das Geschenk zu machen, in jedem Augenblick stimmig zu sein, und plötzlich stimmt Ihr ganzes Leben. Alles ist plötzlich ganz einfach. Und dieses Stimmig-Sein sollten Sie mit hinausnehmen in alle Bereiche Ihres Lebens. Das ganze Leben können Sie dann als diesen Wachstumsprozess erleben, in dem Sie unentwegt Informationen und Botschaften bekommen, die Ihnen helfen, immer noch stimmiger zu sein.

Die größte Entdeckung, die man in einem Leben machen kann, ist zu entdecken: »Wer bin ich?«, »Wer bin ich wirklich?« Zu erkennen: »Ich habe einen Körper, aber ich bin nicht der Körper. Ich habe einen Verstand, ein Gemüt, ein Ego, eine Persönlichkeit usw., aber das alles bin ich nicht.« Es ist ein wundervoller Weg, sich seine verschiedenen Aspekte bewusst zu machen und zu klären: »Mit wem identifiziere ich mich?«

Wenn ich in den Spiegel schaue, sehe ich einen Körper und kann sagen: »Das ist mein Körper.« Wer aber sagt das? Der Körper kann sich ja nicht selbst gehören. Es muss also jemand in diesem Körper sein, der sagt: »Das ist mein Körper.« Der Körper ist Materie. Materie kann nicht denken, kann nicht fühlen, kann sich nicht erinnern. Das kann nur Bewusstsein. Ich aber kann denken, fühlen und mich erinnern, habe Sehnsucht nach meiner eigenen Vollkommenheit. Also bin ich Bewusstsein.

Ich bin nicht der Körper, nicht der Verstand, nicht das Gemüt und auch nicht das Unterbewusstsein, bin nicht der Name, den ich trage, und auch nicht die Rolle, die ich spiele. Ich bin vollkommenes, unsterbliches Bewusstsein. Ich bin ein Teil des einen, allumfassenden Bewusstseins. Ich war immer und werde immer sein, denn ich bin! Ich komme aus der Einheit und bin auf dem Weg über die Vielfalt zurück zur Einheit.

Ich bin Bewusstsein, ein Individuum, ein untrennbarer Teil des einen Bewusstseins. Ich werde weder geboren noch kann ich alt werden oder sterben. Das alles sind Erfahrungen des Körpers, ich aber bin, war immer und werde immer sein. Diese führt zu Ehrfurcht vor sich selbst.

Nachdem ich erkannt habe, wer ich bin, muss ich natürlich

fragen: »Warum bin ich?«, und: »Warum bin ich so, wie ich bin?«, »Was ist meine Aufgabe, und wie erfülle ich sie?«

Ich bin freiwillig durch das Tor der Geburt eingetreten in die Zeit dieser Welt, in die Dualität, um am Spiel des Lebens teilzunehmen. Und dieses Spiel findet mir zur Freude statt, um mir die Möglichkeit zu geben, die Vollkommenheit meines wahren Seins zu erleben. Es gibt mir die Chance, der zu werden, der ich bin und immer war. Das Spiel gibt mir die Gelegenheit, mich wieder zu erinnern. Ich bin seit dem Anfang aller Zeit. Meine Geburt ist nur der Beginn eines neuen Abschnittes im ewigen Spiel des Lebens.

Es heißt: »Mensch, erkenne dich selbst, dann erkennst du Gott.« Darin erkenne ich sofort meinen Auftrag: »Sei du selbst.« Das heißt letztlich: »Mach dir alte, überholte Verhaltensmuster bewusst und löse sie auf.« Das heißt weiter: »Schaff dir neue, erwünschte Verhaltensmuster und lass sie dir zur Gewohnheit werden.« Und es heißt: »Verzeih dir und anderen. Lass dort, wo du verurteilt hast, los, lass dich und die anderen frei. Lass los, was nicht mehr zu dir gehört.«

Immer wieder tauchen neue Fragen auf. »Wie sollte ich sein, wie bin ich gemeint? Welche Schwächen habe ich, und wie wandle ich sie am besten in Stärken um? Welche Stärken habe ich, und wie kann ich sie am besten zum Wohle des Ganzen einsetzen? Woran hänge ich noch, was sollte ich loslassen? Was hindert mich daran, wirklich ich selbst zu sein? Gewohnheit? Gedankenlosigkeit? Angst? Mangelnde Motivation? Unbewusstsein? Wie kann ich meine geistige Entwicklung beschleunigen?«

Zur Identifikation gehört es auch, sein geistiges Erbe anzutreten und die Fülle in Besitz zu nehmen. Zu erkennen, dass

Sie der Gott eines riesigen Universums sind, dem Universum Ihres Körpers. In diesem riesigen Reich ist jeder Ihrer Gedanken Gesetz, bestimmt über Gesundheit oder Krankheit, Leid oder Glück, Versagen oder Erfolg, über Ihr ganzes Schicksal. Ihre Aufgabe ist es, ein weiser Gott zu sein in Ihrem riesigen Reich. So wie der Same des Baumes, so trägt der Mensch Bild und Energie seiner wahren Bestimmung in sich. Das Erwachen zu sich selbst ist die Transformation. Und diese können Sie in einem Prozess von faszinierenden 21 Tagen selbst erleben.

Resümee des 21-Tage-Programms

Wenn Sie die 21 Tage der Tepperwein-Methode erlebt und erfahren und hoffentlich auch genossen haben, dann sollten Sie unbedingt einiges darüber in Ihrem Tagebuch festhalten. Tragen Sie am Ende des Prozesses ein, was sich bei Ihnen in den 21 Tagen verändert hat. Was haben Sie losgelassen, weil es nicht mehr zu Ihnen gehörte? Was haben Sie angezogen? Übernehmen Sie mehr Verantwortung für Ihr Leben? Freuen Sie sich mehr? Haben Sie die mentalen Programme genutzt? Wie waren Ihre Erfahrungen damit? Welche entscheidenden Erkenntnisse haben Sie für Ihr Leben gewonnen? Leben Sie mehr im Augenblick? Verschaffen Sie sich und anderen hin und wieder *Magic Moments?* Welche Erfolge konnten Sie erzielen und wie haben Sie sie erzielt?

Denken Sie daran, die Gedanken und Handlungen brauchen Wiederholungen, bevor sie wirklichkeitsverändernde Spuren im Bewusstsein hinterlassen. Bleiben Sie also dran!

Vielleicht haben Sie jetzt Lust, den ersten Fragebogen dieses Buches noch einmal auszufüllen. Es dürfte eine Überraschung werden!

Das Bewusstsein ausrichten

Indem wir unser Bewusstsein auf einen bestimmten Aspekt des Seins fokussieren, setzen wir damit die höchste Kraft des Universums in Aktion, ohne jedoch eigenwillig ein bestimmtes Ergebnis zu verursachen. Diese Technik ist ein wesentlicher Bestandteil des geistigen Heilens. Es ist jedoch weder Denken noch Fühlen, es erfolgt weder eine Analyse noch wird ein Vergleich angestellt. Es ist ein besonderer Bewusstseinszustand.

Leider wird dieser Zustand oft mit Konzentration verwechselt. Konzentration jedoch ist ein rein mentaler Prozess, bei dem die Aufmerksamkeit ausschließlich auf ein Objekt gerichtet wird. Wenn wir jedoch versuchen, unsere Aufmerksamkeit intensiv auf eine bestimmte Sache zu fokussieren, werden wir sehr bald bemerken, dass sie abschweift und durch Gedanken und Gefühle abgelenkt wird und dass es recht schwierig ist, unser Bewusstsein daran zu hindern, bald hierhin, bald dorthin zu wandern. Doch selbst wenn es uns durch beständiges Üben irgendwann gelingen sollte, ist diese Form der Konzentration für die Änderung eines bestimmten Zustandes von geringem Wert, da sie sich auf die mentale Ebene beschränkt.

Voraussetzung für die Heilung, Selbstheilung oder nur die Linderung eines bestimmten Zustandes ist jedoch, in einer Art konzentrierter Entspannung sein Bewusstsein auf einen bestimmten Aspekt zu richten und es dort zu halten. Das kann als Akt des Willens beginnen, sobald jedoch Herz und Bewusstsein gleich gerichtet sind, hört jeder eigene Wille auf, und wir stellen unseren Willen in den Dienst des Einen, der einen Kraft, die wir die Quelle oder Gott nennen.

Wir richten also unser Bewusstsein mit ungeteilter Aufmerksamkeit auf eine bestimmte Sache, öffnen unser Herz dieser Sache und nehmen sie in unser Herz, hüllen sie ganz in unsere Liebe und halten sie dort fest. Das Tagesbewusstsein, der Verstand und der Wille können sich dabei mit ganz anderen Dingen befassen. Herz und Bewusstsein aber bleiben versunken in der Betrachtung dieser einen Sache.

Durch das gerichtete Bewusstsein tritt der Mensch in Verbindung mit der Wirklichkeit hinter dem Schein, er beginnt die Dinge wieder so zu sehen, wie Sie wirklich sind, während sich sein Herz und sein Bewusstsein im Gleichklang befinden.

So kann man ein Problem betrachten oder einen Schmerz, man kann sich und andere heilen oder etwas Verlorenes wiederfinden, man kann eine Situation heilen oder einen Mangel beseitigen, den richtigen Partner anziehen oder die Partnerschaft in Harmonie bringen. Man kann sogar seine Zukunft heilen, den Sinn des Lebens erkennen oder seinen Weg, seine Aufgabe oder den nächsten Schritt beleuchten. Man kann seine Vergangenheit bewältigen, Schuldgefühle auflösen, eine Prüfung bestehen oder einen Parkplatz finden. Man kann auf diese Weise sich selbst finden, das eigene wahre Selbst.

Wir gehen einfach hinein in das, was uns bewegt, in dem unerschütterlichen Glauben an die ideale Lösung jeglicher Situation in unserem Leben. Wir bekommen so viel Erfüllung, wie wir annehmen können, wie wir glauben können. Die Anwendung dieser Technik ist nichts anderes als die Rückkehr zur Sicht der Dinge, wie sie wirklich sind. Es ist nichts anderes als bewusst selbst so zu sein, wie man ist, wie man gemeint ist.

Wir richten die Kraft des Allerhöchsten auf unser Leben und erhalten die Fülle, die uns verheißen wurde.

Ausrichten des Bewusstseins

Stellen Sie fest, in welchem Bewusstsein Sie gerade sind. Wählen Sie nun das Bewusstsein, in dem Sie *jetzt* leben wollen. Behalten Sie dieses Bewusstsein bei, solange Sie wollen. Leben Sie im:

Gesundheits-Bewusstsein
Heilungs-Bewusstsein
Entspannungs-Bewusstsein
Gewinner-Bewusstsein
Genießer-Bewusstsein
Sportlichkeits-Bewusstsein
Jugendlichkeits-Bewusstsein
Verjüngungs-Bewusstsein
Leichtigkeits-Bewusstsein
Souveränitäts-Bewusstsein
Evolutions-Bewusstsein
Harmonie-Bewusstsein
Kreativitäts-Bewusstsein
Erfinder-Bewusstsein
Erfolgs-Bewusstsein.

Im höchsten Bewusstsein bleiben

Einer, der Erleuchtung erlebt hatte, aber dieses Bewusstsein nicht halten konnte, fragte einen Meister, wie man ständig im höchsten Bewusstsein bleiben könne. Der Meister sagte: »Ich kenne jemanden, der ständig im höchsten Bewusstsein ist. Er ist König in einem fernen Land. Gehe hin und frage ihn, ob er dir sein Geheimnis verrät.« Der Mann machte sich auf den Weg, und als er nach langer, mühsamer Reise angekommen war, fragte er den König, ob er ihm das Geheimnis verraten würde, wie man ständig im höchsten Bewusstsein bleibt. Der König sagte: »Das will ich dir gern verraten, doch zuvor musst du eine Prüfung bestehen. Ich muss sicher sein, dass du dessen auch würdig bist. Du musst eine Schüssel randvoll mit Wasser auf deinem Kopf einmal um den Palast tragen. Hinter dir geht mein Scharfrichter mit gezogenem Schwert. Verschüttest du auch nur einen Tropfen, schlägt er dir den Kopf ab. Du kannst die Prüfung ablehnen.« Der Mann sagte: »Und wenn es mein Leben kostet, es ist den Preis wert.«

Er bekam die Schüssel randvoll mit Wasser, setzte sie auf den Kopf und ging in höchster Konzentration Schritt für Schritt um den Palast. Hinter sich hörte er die Schritte des Scharfrichters und wusste, dass sein Leben beim geringsten Fehler vorbei wäre. In höchster Konzentration bewältigte er diese Aufgabe, ging zum König und fragte ihn, ob er ihm nun antworten wolle.

Der König sagte: »Ich will dir gern mein Geheimnis verraten, aber du kennst es bereits. Ich mache es genau wie du eben, nur ständig.«

Den Meister in sich wecken

Bevor ich mich auf den Weg mache, sollte ich das Ziel kennen. Also frage ich mich, wo ich stehe und wohin ich will. Und ich erkenne, ich bin auf dem Weg zu mir selbst. Das Ziel bin ich selbst, der Suchende ist das Gesuchte. Wenn ich aber das Ziel bin, dann kann ich das Ziel ja nicht verfehlen, dann bin ich ja ständig »am Ziel« und alles andere sind nur Scheinziele. Das einzig lohnende Ziel bin ich selbst. Und eigentlich kann ich ja gar nicht anders, als ich selbst zu sein. Ich war immer ich selbst und werde immer ich selbst sein. Ich kann mich vergessen, aber ich kann nicht aufhören, der zu sein, der ich wirklich bin und immer war.

Das führt vom Haben zum Sein, vom Schein zur Wirklichkeit. Alles, was man haben kann, kann nicht glücklich machen, denn es sind nur »Spielsachen des Lebens«, die ich hier vorgefunden habe und die ich hier zurücklassen werde. Das Einzige, was zählt, ist das Sein. Und ich erkenne: Das Selbst führt sich selbst zu sich selbst. Ich brauche mich nur vom Leben führen lassen, mich nur an mich Selbst erinnern zu lassen und aus diesem wahren Selbstbewusstsein heraus zu leben. Ich kann mich auf das Leben verlassen, kann mich dem Leben anvertrauen.

Der Mensch ist also kein weiterentwickelter Affe, sondern der Übergang der Gattungsseele in die Einzelseele und damit in die Freiheit, aber auch in die Verantwortung. Anstatt gelenkt zu werden vom Instinkt, wird der Mensch geführt von der Intuition, aber es ist seine freie Willensentscheidung, ob er dieser Führung folgen will oder nicht. Auch der freie Wille unterscheidet ihn vom Tier. Solange seine Intuition noch nicht ausgebildet ist, hat der Mensch seinen Intellekt, der ihn vom theoretischen Wissen zur praktizierten Weisheit führen soll und kann, wenn er nicht als Endziel angesehen wird. Doch alles dies ist nur latent vorhanden, wartet darauf, von uns in Besitz genommen zu werden. Denn erst der Vollendete ist der »normale« Mensch, alle anderen sind Wesen auf dem Weg, die noch Hilfe brauchen und nicht etwa Verurteilung. Spirituelle Säuglinge, die auf das Verständnis und die Hilfe der älteren Geschwister angewiesen sind. Diese Vollkommenheit ist in jedem Menschen enthalten, wie die ganze Pflanze im Samenkorn, nur darauf wartet, auf geeignetem Boden wachsen zu dürfen. Um zu sein.

So werde ich vom Sucher zum Finder. Sucher suchen ewig, Finder finden ständig. Dann erkenne ich, dass es in Wirklichkeit kein Ziel gibt. Jedes scheinbare Ziel ist nur ein Orientierungspunkt am Horizont, der meinem Weg die Richtung gibt. In Wirklichkeit ist der Weg das Ziel und das scheinbare Ziel nur das Ende des Weges und gleichzeitig der Anfang eines neuen Weges. So erkenne ich auch, dass es sinnlos ist, so schnell wie möglich am Ziel sein zu wollen und genieße den Weg.

Wenn ich so gefunden habe, ist die Suche zu Ende. Es gibt nichts mehr zu suchen – weil ich am Ziel bin, weil die »Sünde«, die Trennung von mir selbst, beendet ist. Es gibt nichts mehr zu tun, nur noch zu sein.

Und ich erkenne: *Vollkommen* zu sein, heißt vollkommen *zu sein!*

Das Spiel des Lebens hat nur den einen Sinn, mir zu helfen, das Geheimnis meines wahren Seins zu entdecken! Dafür brauche ich mich nicht zu bemühen, nicht an mir zu arbeiten, mich nicht zu ändern, denn ich bin vollkommen. Es ist nicht nötig zu streben, zu wollen, etwas zu erreichen. Ich brauche nur zu erkennen, was ist und schon immer war.

Es ist sehr anstrengend, als ein »Ich« im höchsten Bewusstsein zu bleiben. Man kann nun einmal nicht lange auf Zehenspitzen stehen, und so fällt man wieder zurück. Das geschieht auch, wenn ich als »Ich« ins »Selbst« gehe. Wenn ich mich aber erinnere, wer ich wirklich bin, mich mit mir selbst identifiziere und als ich selbst lebe, dann falle ich nicht wieder zurück. Ich bin ich selbst und bleibe es auch im Alltag!

Dann geschieht ein Entwicklungssprung. Ein Ergebnis der Transformation ist die Erkenntnis, dass ich ein Schöpfer bin. Ich kann alles erreichen, was ich denken und glauben kann. Und wenn mir mein Leben nicht gefällt, kann ich es ändern, indem ich mein Bewusstsein und damit die Richtung meines Denkens ändere. Das Leben ist ein Spiel, und solange ich lebe, muss ich mitspielen. Ich aber entscheide, ob ich als Spielfigur oder als Spieler teilnehme.

Ein anderes Ergebnis der Transformation ist die Erkenntnis, dass ich einmalig bin und einen wertvollen Beitrag zum Leben zu leisten habe, auf meine ganz besondere und einmalige Art. Ich lebe meine wahre Bestimmung. Dazu gehört auch, sich seines Bewusstseins bewusst zu sein, die bewusste Wahrnehmung der Wahrnehmung.

Wieviel Transformation sind Sie bereit zuzulassen? Und wann? Die Zeit fordert von uns, Überholtes loszulassen, damit das Echte, Wahre, Authentische hervorscheinen kann. Alles was nicht wirklich Sie sind, hindert Sie daran. Tun Sie es nicht freiwillig, wird es vom Leben auf den Lehrplan gesetzt, und Sie müssen es notfalls über Nachhilfeunterricht lernen, durch eine Krankheit, eine Krise, einen Schicksalsschlag oder Leid.

Ihre Aufgabe ist es, eine Identifikation nach der anderen zu überschreiten auf dem Weg zum Selbst: das Kind in Ihnen, den Mann in Ihnen, die Frau in Ihnen, den Verstand, das Gemüt, das Ego, das Unterbewusstsein, die Persönlichkeit, die Rolle, die Position ... Das Gleiche gilt für Verhaltensmuster, Programme, Prägungen, überholte Entscheidungen. Alles das sollten Sie sich bewusst machen, damit es sich lösen kann. Am besten gleich jetzt! Mit Ihrem 21-Tage-Programm könnten Sie bereits die Weichen gestellt haben.

Wenn Sie den Weg der Bewusstheit gehen, brauchen Sie die einzelnen Dinge nicht aktiv zu lösen. Es genügt, sie bewusst zu machen und die Transformation einfach geschehen zu lassen. Um das zu können, müssen Sie sich selbst erkennen, ganz zulassen und als Sie selbst leben. »Erkenne dich selbst – sei du selbst.«

Das größte Abenteuer ist, wirklich zu leben!

Unser Leben ist ein Geheimnis.

Unser Leben ist ein Geheimnis.

Es überrascht uns jeden Tag aufs Neue. Wir haben keinen zweiten Moment wie diesen. Wir werden keinen zweiten Tag wie den heutigen erleben. Das Leben ist eine Premiere, in jeder Minute, an jedem Tag. Wir werden die Welt nie wieder so erfahren wie in diesem Augenblick.

Wann haben wir das letzte Mal bewusst den Duft des Morgens

wahrgenommen? Eine Mahlzeit bewusst geschmeckt und genossen? Wann bewusst in den blauen Himmel geschaut?

Berühren und schmecken wir das Leben in jedem Augenblick, spüren und sehen wir das Außergewöhnliche – gerade im Gewöhnlichen.

Genießen wir jeden Tag die Fülle des Lebens.

Erkennen wir, dass die Hürden und Hindernisse unseres Lebens nur Lernschritte sind, denen wir mit Dankbarkeit begegnen. Wir heißen sie willkommen, gleichgültig, ob wir sie als gut oder schlecht, einfach oder schwierig empfinden. Machen wir Hindernisse zu Sprungbrettern!

Gehen wir sanft und nachsichtig und liebevoll mit uns um. Seien wir so glücklich, wie wir nur können. Verzaubern wir unser Leben – und das unserer Mitmenschen.

Berühren wir immer wieder andere Menschen mit Gesten des Wohlwollens, der Freundlichkeit und Liebe. Stellen wir uns in kritischen Situationen stets die entscheidende Frage: »Was würde Liebe jetzt tun?«

Beginnen wir, unser Leben so anzunehmen, wie es *ist*. In jedem Moment achtsam und bewusst zu sein.

Verlassen wir diese Welt eines Tages ein bisschen besser, als wir sie vorgefunden haben.

Wir haben nur diesen Augenblick.

Anhang
Das holistische Lernen

Wenn Sie das Gelesene vertiefen möchten, biete ich Ihnen ergänzend zum Buch *Ihr Leben als Meisterwerk* vier Inspirations-CDs sowie weitere CD-Programme, die ein Lernen mit allen Sinnen ermöglichen.

Es ist ein natürlicher Grundinstinkt des Menschen zu lernen und eine Grundbegabung, das, was getan wird, in totaler Versenkung zu tun. Das kindliche Lernen geschieht noch in einer vollkommenen konzentrierten Entspannung und nicht in dieser Verkrampfung, die wir später fälschlicherweise »Konzentration« nennen. Vor allem aber geschieht Lernen noch ganz natürlich in einer unendlichen Liebe zu den Dingen und dem eigenen Tun. Die Schönheit des eigenen Handelns ist noch eine Selbstverständlichkeit. In dieser Phase lernen wir ganz natürlich mit allen Sinnen. Doch irgendwann stellen wir fest, dass wir uns angewöhnt haben, nur noch über den Verstand zu lernen. Der größte Teil unseres Wesens wird dabei nicht mehr berührt.

Das übliche Lernen geht über den Willen und den Verstand: lesen, hören, auswählen, merken, ordnen, aufschreiben, sortieren, bewerten, durcharbeiten. So gehen wir auch an den Versuch heran, uns alte Gewohnheiten abzugewöhnen und neue anzugewöhnen. Das aber gelingt über den Verstand so gut wie nie. Wir wissen zwar, was gut wäre, aber wir tun es dennoch nicht, bekommen dann ein schlechtes Gewissen und fangen vielleicht wieder von vorne an – mit dem gleichen unbefriedigenden Ergebnis.

Warum ist das so? Diese Art des Lernens versetzt nur einen kleinen Teil unseres wahren Wesens in Resonanz und das meiste wird wieder vergessen. Begegnen wir aber der inneren Stille unseres Seins, dann sind wir bereit, für die natürliche holistische Art mit allen Sinnen zu lernen.

Diese Art des Lernens möchte ich Ihnen vermitteln, weil sie einfacher und vor allem wirkungsvoller ist: zuhören, wahrnehmen, sein. Dabei gibt es nichts zu pauken, nichts zu üben und nichts zu vergessen. Nur der Verstand will immer Neues erfahren und bewertet danach: kenne ich, kenne ich nicht.

Der Prozess des holistischen Lernens aber findet nicht im Verstand statt, sondern im Bewusstsein, über alle Sinne in ständiger Wahrnehmung der jeweiligen Energie. Das so Erfahrene prägt sich nicht nur dem Verstand ein, sondern wird Teil unseres Bewusstseins und damit unseres Lebens. Mit den veralteten Lernmethoden ist das nicht möglich, und es ist daher unumgänglich, den Verstand zu überschreiten.

Aufbauend auf meinen langjährigen Erfahrungen im Bereich des »Superlearning« nach dem bulgarischen Wissenschaftler Georgi Lozanow habe ich speziell für den heutigen Menschen ein effektives mentales akustisches Verfahren entwickelt. Das Entscheidende dabei war für mich: Es sollte eine Methode sein, die Freude bei der Anwendung macht. Denn der Mensch macht auf Dauer nur etwas, was leicht ist und »gut schmeckt«.

Dieses Verfahren hat deswegen einen sehr lebenspraktischen Ansatz. Energiestärkende, schöne und entspannende Musik und langsame Wellengeräusche zusammen mit speziellen positiven Sätzen, Affirmationen, lenken nach einiger Zeit den Verstand ab, stellen ihn still.

Der Kunstgriff dabei ist einfach: Wir haben zwei Reize, die sich deutlich unterscheiden, die Worte – imprägniert mit der richtigen tiefgehenden Schwingung der Stimme – und die Musik mit den Wellen. Nach dem Dominanzprinzip lenkt der stärkere Reiz den Verstand ab, während die Informationen des schwächeren Reizes unbemerkt in tiefere Schichten des Bewusstseins vordringen. Die am Anfang gesprochen Worte, die immer leiser werden, wirken als Informationen nach, da der Verstand sie mit der Musik gefühlsmäßig verbindet.

Das heißt: Obwohl Sie die Worte nicht mehr hören, wirken die Inhalte und die Energie der Worte als unterschwellige Wortimpulse, so genannte Subliminals, noch nach. Die Affirmationen liegen unter der Hörschwelle, sind aber trotzdem spürbar und messbar. Dies zeigt die Wasserkristallstudie von Dr. Emoto deutlich.

Klang- und Wellenmuster sowie tiefenentspannende Musik stehen im Vordergrund, die Affirmationen treten in den Hintergrund, so dass die Klänge den Hörer leiten und die Affirmationen dazu führen, dass der Verstand zurücktritt.

In einem entspannten Bewusstseinszustand können Sie wirklich wahrnehmen. Sie brauchen nichts zu lernen, zu üben, sich etwas ab- oder anzugewöhnen – es ist geschehen! Sie sind. In Wirklichkeit ist es immer die gleiche Information, die Sie in verschiedener Ausdrucksform erreicht: »Du bist der Schöpfer!«

Die gesprochenen Affirmationen erreichen durch die oben beschriebene Methode Ihr Bewusstseins-Energiefeld. Sie erfahren eine wahrnehmbare Veränderung der inneren Energie, da Ihr Verstand die Informationen nicht mehr bewertet. Denn an der Barriere des Verstandes scheitern die meisten Informationen, da der Verstand sie nicht versteht und somit für wertlos hält.

Daher funktioniert auch das klassische positive Denken oft nicht wirklich, da es vom Verstand als »zu naiv« und damit als unwichtig aussortiert und nicht an das Bewusstsein weitergeleitet wird.

Es ist daher unverzichtbar, dass Sie den Verstand mit einer wirkungsvollen Methode angehen. Langjährige Meditationspraxis oder Tiefenentspannungsübungen können dies bewirken – oder eben viel leichter und angenehmer die beschriebene akustische Methode.

Wenn der Erfahrungsprozess noch durch den Einsatz anderer Sinne wie dem Begreifen, dem Aufschreiben und dem bewussten Umsetzen ins Tun ergänzt wird, dann kann Lernen im Alltag aus dem Selbst heraus geschehen und zu anhaltenden Veränderungen führen.

Dieses Buch vermittelt Ihnen viele solcher Instrumente für diesen ganzheitlichen Lernprozess: die Lebensbilanz, die Lebensfragen, den 21-Tage-Prozess, das Schreiben, das innerliche oder laute Wiederholen von Affirmationen, das Schaffen magischer Momente …

Mit den akustischen Inspirationsprogrammen können Sie den holistischen Lernprozess noch zusätzlich unterstützen. Hören Sie die Tepperwein-CDs mit geschlossenen Augen in der Entspannung oder neben anderen Tätigkeiten wie der

Hausarbeit oder dem Autofahren, um sich in den verschiedenen Lebensbereichen effektiv unterstützen zu lassen. Beide Arten der Anwendung bewirken eine effektive Veränderung Ihres Bewusstseins und Ihres gesamten Lebens. Empfohlen wird für die besten Ergebnisse eine regelmäßige Anwendung eines Programms einmal jeden Tag (für mindestens 30 Minuten) über einen Zeitraum von 21 Tagen.

Und das Schönste ist: Die Methode ist nicht nur einfach und effektiv, sie macht zudem auch noch Freude!

Register

Der Hörbuch-Klassiker

Dr. Joseph Murphy

Die Macht Ihres Unterbewusstseins

4 CDs, 320 Minuten

ISBN: 978-3-7205-2699-9

Dr. Joseph Murphys Weltbestseller *Die Macht Ihres Unterbewusstseins* ist auch als Hörbuch unersetzlich. Dieser Klassiker der Lebenshilfe-Literatur zeigt, wie wir die Kraft unseres Unterbewusstseins schöpferisch nutzen können. Er hat in den 40 Jahren seit seinem Erscheinen unzähligen Menschen geholfen, ihr Leben erfolgreich und glücklich zu gestalten. Holen Sie sich die Geheimnisse des positiven Denkens zum Zuhören.

ARISTON